シリーズ 新約聖書に聴く

マルコの福音書に聴くⅡ

自分の十字架を負って

中島真実［著］

いのちのことば社

はじめに

「それからイエスは、人の子は多くの苦しみを受け、長老たち、祭司長たち、律法学者たちに捨てられ、殺され、三日後によみがえらなければならないと、弟子たちに教え始められた」（八・三一）。

驚くべき予告です。殺害予告、しかも、被害者側からの。さらに、それで終わりではなく、そこから復活するという予告、しかも、三日後に（指定日!?）。そして、加害相手はユダヤ社会のトップ。彼らに敵視されたら、ユダヤ社会で生きていくのは至難のわざとなります。こんなことを突然に聞かされて、弟子たちは耳を疑ったことでしょう。故郷も仕事も捨てて、師と仰いでついて来たイエスがこんな苦難の道を進んで行くなんて、にわかには受け入れがたく感じたに違いありません。衝撃的な情報に触れて、この先、自分たちはどうしたらよいのだろうかと、血の気が失せるような思いがしたでしょう。こうした弟子たちの当惑と葛藤、そして、そこを踏まえたイエスの教導。それが、マルコの福音書の後半を織りなす大きなテーマとなります。

冒頭の聖句には、「弟子たちに教え始められた」と記されています。なので、これまでのところでは、イエスはこのことについてはっきりとは述べていなかったということです（少しばかり、ほのめかすことはあったにせよ。二・二〇など）。けれども、この先、イエスはこのことについて弟子たちに繰り返してはっきりと語っていかれるということです。すなわち、この衝撃的で、しかも、イエスの働きと弟子たちの歩みに決定的な意味を持つ出来事についての告知が、ここから始まるのです。それゆえ、ここがまさにマルコの福音書の前後半を分かつ境目と考えるのが妥当でしょう。

なるほど、ここに前半と後半の区切りを見て取ると、前半では、立て続けに人目を惹くみわざによって神の恵みの支配へと人々を招く活動的なイエスの姿が明確に描かれていることが分かります。それに対して後半では、イエスについて行き始めた弟子たちに恵みの支配に歩むことの意味を切々と解き明かし、それは世間にあっては受難の道となるけれども、ついには苦難をも突破すると語り、実際にそこを歩んで行くイエスの姿が一貫して描かれています。

また前半では、ついて行き始めた弟子たちが間近でイエスの言葉とみわざに接するも、その本当の意味が分かっていない様子があぶり出されていきます。「まだ分からないのですか、悟らないのですか。心を頑なにしているのですか。目があっても見ないのですか。耳があっても聞かないのですか。あなたがたは、覚えていないのですか」(八・一七～一八)とのイエスの言葉が物語っているとおりです。そして、このイエスの言葉を合図に前半が閉じられて、後半では、よく分かっていない弟子たちに対するイエスの教導、すなわち、恵みの招きは受難を通って勝利すると身をもって示して、その道を切り拓く歩みが展開することになるのです。

さらに興味深いこととして、マルコの福音書は、このように前半から後半へとシフトする視点の変化を象徴的に示すエピソードを、まさしく前半と後半の橋渡しとなる部分に記録して、福音書全体として描きたい事柄を暗示しています。そのエピソードとはマルコだけが記録しているもので、目の見えない人が二段階で癒やされるという出来事です。すなわち、イエスのもとに連れて来られた目の見えない人をイエスが癒やすのですが、一段階目ではぼんやりと霞んだ程度の見え具合、そして、二段階目ではっきりと見えるようになるというみわざです(八・二二～二六)。これは、弟子たちの恵みの道への理解の度合いを暗示する出来事です。イエスに従い始めた弟子たちですが、その意味合いをぼんやりと霞んだ程度でしか分かっていない現段階の様子を一段階目が示し、さらに、はっきりと見えるようになる決定的な出来事が起きることを二段階目が示すということなのです。その決定的な出来事とは、この先イエスが弟子たちにはっきりと告げ知らせて進まれる受難の道、そして、そこからの勝利ということです。

そして、そこまで来てようやく、イエスは「神の子」（神の恵みで治める王）なのだということが物語の中で明らかになるのです（一五・三九）。実際のところ、このことは読者として私たちが冒頭から教えてもらっていた解答なのですが（一・一）、それが福音書全体を通して物語られて、最後に答え合わせがなされるわけです。

こうした全体の構造を踏まえて、本巻においては、マルコの福音書後半の入り口部分を扱います。前巻においては前半の全体を扱いましたので、そのバランスから言えば、本巻で後半全体を扱うのが筋なのかもしれませんが、さすがに後半は物語のクライマックスに向かうパートであり、内容的に大変な厚みがあって、一巻で扱うには困難を極めます。なので、後半は幾つかに分けて扱うことにして、本巻では八章二七節から一〇章五二節まで、すなわち、弟子たちのキリスト告白から受難週直前までの記事を追っていくことにします。

とはいえ、これまた内容豊富、そして、明確な構造でもって、イエスの招きに応えて恵みに歩む弟子の道の意味を指し示していく箇所です。何となく読むだけだと、受難週の出来事までランダムな感じで記事が並んでいるように見えてしまいますが、実際にはそんなことはありません。ここには軸となる一つの会話パターンがあり、その合間に弟子の道として取り上げられるべきトピックが散りばめられるという構造になっています。その会話パターンというのが、⑴イエスによる受難予告、⑵それに関する弟子たちの勘違い、⑶それを受けてのイエスによる矯正・教導というものです（八・三一～三八、九・三〇～三七、一〇・三二～

四五)。このパターンが三回繰り返されます。そして、この三回という数字は、実は後ほど文学的な意味合いとして福音書の中で効いてくることになります(終末教説の中で三回「目を覚ましていなさい」と繰り返されたにもかかわらず、ゲッセマネの園で三回居眠りをする弟子たち、そして、大祭司宅の庭で三回イエスを否んだペテロ)。いずれも、イエスによる矯正・教導が示すのは、恵みを分かち合う交わりに仕えるしもべとなって奉仕する姿で、それに対するあらゆる妨げを耐え忍び、犠牲を払って力を尽くして恵みの分かち合いに人々を招くということです。

このようにして、イエスによる恵みの招きに応える弟子の道の何たるかが会話パターンの繰り返しで明らかにされながら、それが具体的な生活の中でどういうことなのかを示すエピソードが会話パターンの構造に肉付けされていくわけです。その具体的なトピックは、たとえば、子どもたち、協力的な人々、つまずきと和解、結婚生活、経済観念など多岐にわたります。イエスに従って恵みに生きるということは、抽象的な精神論のごときものではなく、具体的な生活の中で実を結ぶのだと教えられます。

さあ、このように概観したうえで、これを見取り図にして主イエス一行とともに旅を続けていきましょう。とかく勘違いしがちな弟子たちの姿に自分の姿を照らし合わせながら、悔い改めに導かれるかもしれません。また、そんな弟子たちに忍耐強く真実に関わってくださる主イエスの憐れみ深さに圧倒されることでしょう。主イエスの弟子たちの群れ、キリストの教会を形づくるべく召し出された私たちであること、また具体的な現場で主イエスに従うことの本意を知らされながら、そこに沿って成長していきたいものです。

目次

39　あなたにとってイエスとはだれか

〈マルコ八・二七〜三〇〉

「さて、イエスは弟子たちとピリポ・カイサリアの村々に出かけられた。その途中、イエスは弟子たちにお尋ねになった。『人々はわたしをだれだと言っていますか。』彼らは答えた。『バプテスマのヨハネだと言っています。エリヤだと言う人たちや、預言者の一人だと言う人たちもいます。』するとイエスは、彼らにお尋ねになった。『あなたがたは、わたしをだれだと言いますか。』ペテロがイエスに答えた。『あなたはキリストです。』するとイエスは、自分のことをだれにも言わないように、彼らを戒められた。」

「あなたがたは、わたしをだれだと言いますか」（二九節）。イエスが弟子たちに尋ねておられます。これに弟子たちがどう答えたのかについては後ほど触れますが、あなたならこの問いに対してどのように答えますか。え、だれって、イエス様でしょ、なんて名前が言えればいいという話ではありません。この問いは、神の恵みの支配の訪れを告げて、「わたしについて来なさい」（一・一七、二・一四）と招くイエスをだれだと考えているのかという問いです。なので、まさしく神の恵みの招きを受け入れるかどうかを左右する決定的な問いだと言えるでしょう。マルコの福音書は、冒頭からイエスの招きを「神の子、イエス・キリストの福音」(一・一)と紹介して、すべてを恵みで治める神ご自身のメッセージが読者に向けられていると宣言します。それゆえ、この決定的な問いは、あなたにも向けられています。さて、あなたはどう答えますか。

私たちは普段、意識しようがしまいが、様々な問いを立てて、あるいは、問いに直面して生きています。しかし、決定的な問いというものに、そんなにしょっちゅう出会うわけではありません。今日のお昼は何を食べようかなどという問いは、普通は人生かけて応えるような問いにはなり得ません。「あなたがたは、わたしをだれだと言いますか」(二九節)とのイエスの問いは、当然、そのような軽い問いかけとは全く違います。しかし、結婚のプロポーズなど、ときとして人生をかけて向き合う問いに出会うこともあり、ある意味、このイエスの問いはそれに近いと言えるでしょう。どうでもよい問いではありません。スルーしたり無視したりしてはいけません。責任をもって答えなければなりません。問いかける相手がだれなのかが鍵になります。どう答えるかがその後の人生を左右します。けれども、結婚のプロポーズであっても「わたしをだれだと言いますか」と超直球で問うなんてしないでしょう(指輪を見せながら?)。ところが、イエスは真っ向からこのように問いかけます。それほどに、この問いは決定的な問いなのだということです。

それゆえ、私たちはこの問いに正しく向き合って、的確に応える者でありたく思います。神の恵みの支配に歩む道へと招く方、イエスをその額面どおり素直に受けとめるということ。そのためには、すでに「悔い改めて福音を信じなさい」（一・一五）と語られてきたとおり、恵みを無視してきた歩みから明確に向き直ることが求められます。そして、招かれた道を招かれたとおりに歩むことが求められます。どんな場合でも、招かれたとおりに歩むということです。

ところが言うは易し、実際にはそのように歩めていない状況があります。弟子たちさえも「まだ分からないのですか、悟らないのですか。心を頑なにしているのですか」（一七節）と言われてしまう有様です。なので、あらためて「あなたがたは、わたしをだれだと言いますか」と念押しの、そして決定的な問いかけがなされるのです。ぼんやりとした認識からはっきりとした告白へ（二二～二六節）。さぁ、何と答えましょうか。

真剣に向き合って恵みに招く方に

「あなたがたは、わたしをだれだと言いますか」（二九節）。このように問いかけるイエスは実際どういう方で、そして、ここではどんな答えが期待されているのでしょうか。まず、受けとめなければならないのは、この決定的な問いを投げかけるイエスの姿そのものです。まさしく命がけの真剣さで向き合って、私たちを恵みに招く姿。然《しか》るべき応答は、そこから引き出されてきます。

「さて、イエスは弟子たちとピリポ・カイサリアの村々に出かけられた」（二七節）。イエスの決定的な問いかけは、この場所でなされました。何気なく記された地名のように見えますが、実は場所的にかなり意味が深いと言わなければなりません。目の見えない人が二段階で癒やされたベッサイダ（二二～二六節）から北上し、フェニキアやシリアとの国境付近、ガリラヤの北の果て・ヘルモン山（パレスティナの最高峰）のふもとに向かう途中です。なぜイエスはそんなところに向かったのでしょう。マルコの福音書を読んでいくと分かることですが、傾向として大切な出来事が起きるのは国境付近、あるいは、国境をまたいだ地域であることが多いようです（レギオンに取りつかれた人の癒やし、パンの奇跡、ツロ・フェニキアの女の娘の癒やしなど）。そして、その場合、たいていは直前にガリラヤ在住のユダヤ人たちの不信仰（恵みの招きを無視する姿）が暴露される出来事が起きています。なるほど、このケースもまた、パリサイ人たちがイエスに天からのしるしを要求して議論する場面が報告されています（一一～一三節）。そういう場所を去って国境へと出て行き、イエスが大切なメッセージを弟子たちに示すというパターン。恵みの支配に国境は関係ないということ、また、求める思いのないところでは恵みは見いだされにくいということです。何でまた辺ぴなところに連れて行かれるのか、と弟子たちは思ったかもしれませんが、そこには大切なメッセージがあったのです。

さらにもう一つ。ここピリポ・カイサリアには、政治的に大切な意味がありました。そこには、かつてヘロデ大王がローマ皇帝アウグストゥスよりパレスティナ全域の統治権を授かったときに、ローマ帝国への忠誠を誓う意味で皇帝のために造った神殿がありました。シリアとの国境付近というのがミソですね。ここから内側は属国とはいえ自治を認めてくださいよ、忠誠は尽くしますからというメッセージ。さらに一世代後、その地を受け継いだ息子のフィリッポスがローマ帝国への忠誠を誓うべく、地名としてカイサリア（カエサル＝皇帝の地）という語を採用し、自分の名前とセットにしてピリポ・カイサリアと称した（ローマ総督府が設置された、もう一つのカイサリアと区別する意味でも）、まさにその場所です。ローマ皇帝こそキュリオス（主）と言い表しているその場所で、イエスは弟子たちに「あなたがたは、わたしをだれだと言いますか」と問うのです。本当に統べ治めるのはだれなのかという問いと言ってよいでしょう。皇帝のようなこの世の権力者なのか、恵みで治める神の国の王、すなわち、「神の子」（一・一）と言われる方なのか、という問いです。そう考えると、この問いは確かに決定的な問いです。これにどう答えるかで、この先の社会生活のあり方が変わってくるという問いですから。

さて、そこで再び考えてみましょう。この問いにあなたはどう答えますか。世俗の権力者の経済力が、立場の力が、あるいは、人脈の力が社会を、そして、あなたの人生を治めることを承服しますか。もしこの世は金だとあなたが本音のところで思っているのなら、経済力に治められていることになります。社会的な格付けにこだわっているなら立場の力、人気の度合いや知人の実力が関心の的であるなら人脈の力に治められていることになるでしょう。そういう社会生活でいきますか。それとも、イエスが招く神ご自身の恵みが治めることを望みますか。

このように、イエスは世俗の権力や支配を前にして決定的なことを問いかけますが、「あなたがたは、わたしをだれだと言いますか」という問題の核心に迫る前に、外堀を埋める問いかけをなさいます。「人々はわたしをだれだと言っていますか」（二七節）。これは、自分の評価を気にしている発言ではありません。弟子たちに決定的なことを問いかける準備運動のようなものです。周りの人々が何と言っているのか確認させたうえで、問題の核心に迫るという段取りです。周りの人々の意見をイエスが知りたいということでなく、周りの人々の意見を弟子たちにあらためて意識させたうえで弟子たち自身の告白を聞きたいという取り計らいです。周りの人々と無関係に問いかけるのではありません。イエスは私たちが周りの人々との関係の中で影響し合って生きていることを百も承知で、そういう中で私たちがイエスこそ恵みで治める主と告白するかどうかに関心を寄せておられるのです。確かに、大切な判断は自分でするものですが、とかく私たちは事が重大であればあるほど、周りが気になる傾向があります。それで、寄らば大樹ということで、周りに合わせておけば安心できると根拠なく錯覚しがちです。しかし、それでは決定的な問いに向き合うことにはなりません。なので、イエスはまず、「人々はわたしをだれだと言っていますか」と尋ねておいて、ひととおり回答がすんだら間髪入れず「あなたがたは、わたしをだれだと言いますか」と問い、周りに流されがちな私たちをハッとさせるのです。

こうして続けざまに本題に入っていく様は、迫力があります。決定的な問いかけをもって向き合う真剣さです。周りはともかく、あなたはどうなのかと。はぐらかしやごまかしは許されません。他でもない自分にイエスが向き合って問いかけています。それは、別の観点で言えば、それだけ強く関心を寄せている、心に留めていることの証拠です。どうでもよい人間なら、こんなに真剣に向き合うことはないでしょう。しかも、その真剣さは、イエスがこの問答を受けて、ご自分がこれから受ける命がけの苦難について初めて明確に弟子たちに告げた事実からして（三一節）、まさしく命がけの真剣さであったのだと言えるでしょう。ご自分の受難について弟子たちに告げる心づもりがあったればこそ、決定的なことについて問いかけたということになるからです。言ってみれば、決死の覚悟での問いだったということです。「あなたがたは、わたしをだれだと言いますか」とは「あなたがたはわたしの招きに本当に応えて歩みますか、恵みに生きる道に本当に従って来たいと思っていますか」ということですが、それは、この招きのためにご自分の命をかけるつもりなのだ、という真剣さの表れなのです。こうして向き合ってくださるのですから、同じ真剣さで従う意思を示すことこそ、然るべき応答と言えるのです。さて、あなたのお答えはいかがですか。

神の国をもたらす苦難のしもべに

「あなたがたは、わたしをだれだと言いますか」（二九節）。こう問いかけるイエスは実際どういう方で、また、ここではどんな答えが期待されているのか、さらに深く考えていきましょう。ここで注目したいのは、この決定的な問いに続く会話でイエスが語られた内容そのものです。ご自分の受難を告知していますが、決死の覚悟と共にイエスが語っている内容に注目すれば、イエスの招きが目指す神の国・恵みの支配の意味と、その招きに応える過程にあるものが見えてきます。決定的な問いにふさわしい応答は、そこから引き出されてきます。

「人々はわたしをだれだと言っていますか」（二七節）。このイエスの問いに弟子たちは、「バプテスマのヨハネだと言っています。エリヤだと言う人たちや、預言者の一人だと言う人たちもいます」（二八節）と答えます。バプテスマのヨハネはイエスの先駆者で紹介者。悔い改めを説いて人々の心を神に向け直し、イエスを指し示した預言者でしたが、ヘロデ・アンティパスの妻ヘロディアの陰謀で殉教の死を遂げています。しかし、イエスの活動はヨハネの働きを人々に思い起こさせ、ヨハネがよみがえったのだという噂があったようです。また、エリヤは旧約の預言者で、やはり人々の心を神に向け直し、神の恵みで治められる社会を目指して活動した卓越した働き人。旧約の最後の書、マラキ書には、終わりの時に再びエリヤが遣わされると約束され（四・五）、実はそれがバプテスマのヨハネであったのですが、マルコの福音書もそこを受けてヨハネ登場の際にマラキ書を引用して紹介しています（一・二）。人々はイエスの活動に触れて、この箇所を連想していたというわけです。なので、人々の見方も、当たらずとも遠からずではあります。しかし、的の中心を射抜いてはいないのも確かです。イエスは預言者の働きが指し示す方ですが、預言者を超えています。

そこでイエスは弟子たちの認識はどうかと、すかさず決定的な問いを突きつけます。「あなたがたは、わたしをだれだと言いますか」（二九節）。すると、弟子たちを代表するようにしてペテロが「あなたはキリストです」と答えます（二九節）。「キリスト」とはイエスの名字ではありません。名字ならば、この会話は成り立ちません。「キリスト」とは名字ではなく、ある職務のための称号です。油注がれた方（＝メシア）という意味で、イスラエルの伝統において神から特別な職務（預言者、祭司、王）を託された者に就任に際して香油が注がれることに由来して、そうした特別な任務の称号として用いられる語です。まさしくそのとおり、イエスはキリストであり、その働きとして預言者・祭司・王を総合したような方です。神の恵みを語り示し（預言者）、そこに人々が近づく架け橋となり（祭司）、そして、神の恵みで治める方（王）。その意味で、弟子たちの回答は言葉としては的を射ています。人々が言うように預言者的ですが、ただの預言者ではありません。預言者たちを通して語られた約束の方です。しかしながら、弟子たちの「キリスト」理解は当時一般に流通していたメシア像を引きずっており、言葉として正しくイエスを「キリスト」と言えても、その内容理解は歪んだものでした。ぼんやりとしか見えていないということですね（二四節）。見えているのは世俗的なイメージのメシア、要するに、武力で対ローマ革命を起こして独立を勝ち取るリーダーのイメージです。それゆえ、皇帝崇拝のシンボルがあるピリポ・カイサリアでイエスがメシアなのだと宣言すれば、いよいよ革命に向けて旗上げかと誤解されても不思議はない雰囲気なのだということです。誤解されたまま言葉だけが広まっても、何のよいこともありません。だから、イエスは「自分のことをだれにも言わないように、彼らを戒められた」（三〇節）のです。イエスは世的な支配者の延長ではないからです。しかし考えてみれば、私たちも似たような間違いをやらかしてしまうことがあるかもしれません。イエスを自分に都合よく解釈して利用しようとしたり、恵みを知らない世間で流通している価値観をイエスから引き出そうとしたり、ということであるなら、同じことをしてしまっていることになります。そこは、きちんと正されなければなりません。

それゆえ、ここでもイエスは早速に訂正なさいます。「それからイエスは、人の子は多くの苦しみを受け、長老たち、祭司長たち、律法学者たちに捨てられ、殺され、三日後によみがえらなければならないと、弟子たちに教え始められた」（三一節）。決定的な問いに対してせっかく言葉としては正しい回答が得られたのに、その内容理解がなっていないのは残念この上ありません。イエスがキリストであるのはそのとおりですが、キリストであるイエスは世的な支配者のように力ずくで思いどおりに社会を動かそうというのではなくて、その逆に、しもべとなってへりくだり、すべての人々を恵みの支配に招く方です。どんなに弱く貧しい者でも、社会的な障壁のゆえに敵対するはずの立場の者でも、どんな人々でも恵みに招いてくださいます。ということは、イエスはどんな人々にも近づいてくださるということ。そこが社会の底辺であっても喜んで赴くへりくだった方です。そして、すべての人々に恵みを分かち合うように促しなさるのです。この促しに従うということは、分かち合うことを妨げてきた罪を認めて悔い改めることをも意味します。それゆえ、ここで予告されているのは、この悔い改めへの迫りに怒りを感じた人々、特に民のリーダーたちからイエスは迫害を受け、命を犠牲にすることになるということです。これは、迫害する人々の罪をも背負って、命がけで最後まで招くという姿です。どんな苦難をも甘んじて受けて、恵みに招く使命のために奉仕するしもべの姿です。そして、これこそ神の招きだと明確にする出来事として、イエスはここで復活にまで言及なさるのです。すなわち、「あなたはキリストです」と告白されるキリスト本来の姿は、恵みの支配をもたらす苦難のしもべの姿であるということです。「なければならない」（三一節）という表現は、はっきりとこの姿に焦点を絞って、イエスご自身の目的意識を示すものです。「あなたがたは、わたしをだれだと言いますか」と問いつつ、この苦難のしもべこそご自身なのだと、あなたもそう受けとめたうえで従って来てほしいと、イエスは語りかけておられるのです。

最後にもう一度お尋ねします。この問いにあなたは何と答えますか。

40　弟子の道、十字架の道

〈マルコ八・三一〜三八〉

「それからイエスは、人の子は多くの苦しみを受け、長老たち、祭司長たち、律法学者たちに捨てられ、殺され、三日後によみがえらなければならないと、弟子たちに教え始められた。イエスはこのことをはっきりと話された。するとペテロは、イエスをわきにお連れして、いさめ始めた。しかし、イエスは振り向いて弟子たちを見ながら、ペテロを叱って言われた。『下がれ、サタン。あなたは神のことを思わないで、人のことを思っている。』それから、群衆を弟子たちと一緒に呼び寄せて、彼らに言われた。『だれでもわたしに従って来たければ、自分を捨て、自分の十字架を負って、わたしに従って来なさい。自分のいのちを救おうと思う者はそれを失い、わたしと福音のためにいのちを失う者は、それを救うのです。人は、たとえ全世界を手に入れても、自分のいのちを失ったら、何の益があるでしょうか。自分のいのちを買い戻すのに、人はいったい何を差し出せばよいのでしょうか。だれでも、このような姦淫と罪の時代にあって、わたしとわたしのことばを恥じるなら、人の子も、父の栄光を帯びて聖なる御使いたちとともに来るとき、その人を恥じます。』」

「わたしについて来なさい」（一・一七、二・一四）。イエスは出会う人々に声をかけ、これに応答した人々がイエスの弟子となっていきます。そして、ここであらためて、イエスは「わたしに従って来なさい」（三四節）と語られます。

そこで、まず考えてみたいのですが、今あなたはだれについて行っていますか。だれについて行こうとしていますか。え？　だれって、特にだれかについて行っているわけじゃないんですけど、と思う人もいますか。あるいは、私は私、だれが何と言おうと、ひたすらわが道を行くのだ、と考える人もいるでしょう。なるほど、気持ちは分かります。そして、そのように自立して生きるということを考えるのは、社会的な意味で大切なことでしょう。けれども正直な話、どんなにオレ流だとか、ゴーイング・マイ・ウェイだとか言っても、人間必ずだれかに、あるいは、何かについて行っているもの。しっかり自立して実力を持ち、社会でバリバリ活躍する道を歩もうという人は、そういうオピニオン・リーダーに憧れて（経済・経営評論家のK・Kさんとか）、その姿について行きます。逆に、それを頑張って追求するのは窮屈で息が詰まるので、もっと緩やかに自分らしく自分の道を歩みたいという人は、そういう旗振りの下に集まって（某精神科医など）、その路線について行こうとします。いずれにしても、ついて行くというわけです（ちなみに、だれかのツイートに関心を持って登録している人のことを、フォロワーと言います）。というわけで、もう一度、質問。あなたはだれについて行っていますか。

もちろん、人生には様々な課題があり、私たちは課題によって様々なモデルを取り入れてそれに従い、各課題を乗り越えて進もうとします。それはそれでオーケーなのですが、すべてを具体的に方向づける枠組みとして、特に命とか、人生とか、存在といった、すべてを包み込む事柄にしっかりとした展望を与えてくれる枠組みとして、それこそ死に至るまで、あるいは、死線を越えて従って行ける何かに出会っていますか。そういう意味で「ついて来なさい」と言ってくれるだれかがいるでしょうか。そういう方に出会うことなしには、普段、何気ないときには何とかなっている気がしていても、実は糸の切れた凧のようで、肝心なところで平安がない道を行くことになります。それでは、残念ではすまされません。しかし、そこを超えさせてくださる方が歴史の事実として現れた、と聖書は告げます。だから福音なのだというわけです。

「わたしについて来なさい」とイエスは言われます。神の国・恵みの支配に生きることへの招きです。世界を創造し、恵みでいのちを生かす方と人格的に交わって歩む人々になるということです。すべて恵みゆえに感謝に溢れ、どんなときにも安心できて、分かち合って生きる人々になるということです。イエスはこの招きに命をかけ、この招きに応えて歩む道を歴史の事実において確かなものにしてくださいました。ついて行かない手はないはずです。

イエスの弟子の道とは、基本的にこういうことです。もちろん、怠けて楽できる道ではありませんし、むしろ、恵みを無視する世間では理解してもらえない場面がしばしばあるのも事実で、その意味で苦難を身に受けることもあります。けれども、そこを突破する勝利があるのだとイエスは語り、「わたしに従って来なさい」（三四節）と招いてくださるのです。

服従と勝利

イエスの弟子たちは、弟子という以上、曲がりなりにもイエスについて来ている人々です。イエスが公の働きを開始した当初、ガリラヤ湖のほとりなどで「わたしについて来なさい」（一・一七、二・一四）と語りかけられて、ついて来た人々です。そういう人々に再び「わたしに従って来なさい」（三四節）とここで語られるのは、どうしたことでしょうか。ちなみに、「ついて来る」も「従って来る」も原語では同じ単語（アコルーテオー）です。同じことを繰り返すのは、大切だから、でも分かっていないから、そして、分かってほしいからでしょう。また、今までの歩みと照らし合わせることで、あいまいな部分を明確にできるという効果があるはずです。そこがイエスの狙いだったと言えるでしょう。

弟子たちは、イエスが語る神の国・恵みの支配について聞き、その力強いみわざを間近で見て、イエスの招きがどんなものであるか、それなりに触れてきてはいました。しかし、どうも理解が今一つというか、時代の影響もあって本音のところで曲解しがちな様子でした。

つい先日も、「まだ分からないのですか、悟らないのですか。心を頑なにしているのですか。目があっても見ないのですか。耳があっても聞かないのですか。あなたがたは、覚えていないのですか」（一七～一八節）とイエスに言われてしまったばかりです。そして、ここでも「あなたがたは、わたしをだれだと言いますか」とのイエスの問いに対して、「あなたはキリストです」と表面上の正解が言えたとしても（二九節）、そのキリストという語をどう理解するかにおいて、何か歪みがある様子を露呈してしまいます。キリストとは香油を注がれて神からの特別な使命に就く方のこと。けれども、弟子たちをはじめ世間一般の理解では、対ローマ革命のリーダーというイメージが先行し、その影響下、弟子たちもイエスの活動の目的とは全く異質の理解を引きずっていました。そこはきちんと訂正されなければなりません。それゆえ、イエスは「自分のことをだれにも言わないように、彼らを戒められ」（三〇節）、そのうえで、弟子たちのイメージとは全く違うキリストの働きを今後の展開として提示します。間違ったイメージで言葉だけが踊ることがないようにするためです。「それからイエスは、人の子は多くの苦しみを受け、長老たち、祭司長たち、律法学者たちに捨てられ、殺され、三日後によみがえらなければならないと、弟子たちに教え始められた」（三一節）。受難のメシアということです。これは革命のリーダーとは全くイメージが違います。誤解されたままではいけないので、イエスはこれをはっきりと語ります（三二節）。

ところが、これでショックを受けたのが弟子たち。それを代弁するように、ペテロはイエスの発言に反対して、「イエスをわきにお連れして、いさめ始めた」（三二節）わけです。もちろん、人の情としては、慕ってついて来た方が苦しみを受けて殺されるなんてことは、喜んで聞ける話ではありません。それだけでなく、弟子たちにしてみれば、イエスが苦しみを受けて殺されるなんてことになれば、革命政府で偉い地位に就くという腹の底にある野望がボツになり、下手をすれば自分の命も危うくなるということで、あってはいけないことです。しかし、こうしたまさかのことをイエスが言い出すので、何とかとどまってもらおうと、本音が出てきてしまったというわけです。

しかし、翻って、私たちにはこういう傾向はないでしょうか。あなたはイエスにどんな期待をかけていますか。イエスがどんな方ならば、ついて行きますか。自分の野望をイエスに投影するなんてことはありませんか。信仰が自己実現の道具に成り下がったり、立場の優劣を教会に持ち込んで心と言動に自由がなかったり、ということはありませんか。

イエスはそんな弟子たちの姿を見て、一喝します。「下がれ、サタン。あなたは神のことを思わないで、人のことを思っている」（三三節）。恵みの招きを拒む人々から苦しみを受けてもなお、彼らを命がけで招くというイエスの目的を否定する発言に対する厳しい叱責です。直接に叱責を受けているのは発言した本人のペテロですが、これはペテロがサタンだと言っているのではなく、「イエスは振り向いて弟子たちを見ながら」（三三節）ということですので、弟子たちの雰囲気全体の背後にサタンの動きを見て、厳しい発言となったということです。ペテロだけをやり玉にあげたのではありません。しかしながら、このやりとりが真剣そのものであったということは、原語を見るとさらに強く迫ってきます。イエスが弟子たちを戒めたのも（三〇節）、ペテロがイエスを諫めたのも（三二節）、イエスがペテロを叱ったのも（三三節）、すべて同じ動詞（エピティマオー）が使われています。言ってみれば、叱責合戦を繰り広げたという感じです。ここに神の国・恵みの支配がしっかり立つかどうかの話ですから、ここまで真剣なやりとりになるということです。厳しい叱責を回避したがる昨今の傾向ですが、イエスの弟子となってついて行くということは、神の恵みをどう受け取るかについてここまで真剣な取り扱いを受けるということだと心得なければなりません。もちろん、それは内容が大切であるからなのですが、それとともに、弟子となる人々をイエスが真剣に愛するがゆえなのだということを忘れてはなりません。

さて、このように厳しく一喝したうえで、イエスは言葉を続けます。「だれでもわたしに従って来たければ、自分を捨て、自分の十字架を負って、私に従って来なさい」（三四節）。本当の意味でイエスについて行くとはどういうことか、本当に弟子の道を歩むとはどういうことかを語られたということです。これは弟子たちにとっては再召命ですが、イエスが語りかけたのは弟子たちだけではありません。「群衆を弟子たちと一緒に呼び寄せて」（三四節）ということです。今から従おうとする人々をも召し出してくださるということです。

叱責を受けた弟子たちとしては、この再召命は豊かな恩寵ですが、召し出されるのは自分たちだけではないことを再認識させられる出来事でもあります。何もそこに特権階級みたいなものはありません。「だれでも」と語られます。世俗で評価される能力の高さとか経済の豊かさとかは関係ありません。恵みが支配するわけですから。ただ、イエスについて行きたいという心、イエスに招かれたように恵みの支配を歩みたいという志があればよいということです。無理やりにではありません。自分の意志の方向が問われます。それだけに、その純度が課題となります。

「自分を捨て」と言われます。生半可で軽々しくというわけにはいきません。もちろん、語調の厳しさに圧倒されて委縮してはいけません。ここで「捨てる」とは、自分のものだと主張しないということ。自分に関わることは何でも所有権を主張したがるのが私たち人間の傾向です。思いどおりにわがままに取り扱いたいという願望があります。しかし、そういう主張をしないということです。自己受容、自己啓発、自己アピールが強調される昨今、反発必至かもしれませんが、だからこそ、強調される事柄が正しい文脈から外れないために、そういう中でも「自分を捨て」ということが言われなければならないでしょう。そして、「自分の十字架を負って」と言われます。イエスについて行くとき、各々に与えられる課題があります。献げること、分かち合うこと、仕えること。恵みに生きる道そのものは幸いなのですが、妨げる何かが自分の中にあったり周囲にあったりで、必然的に苦難を身に負うことになりますし、それを避けてはいけません。「自分の」十字架です。しかし、同時にそれは、自分の「十字架」です。

紀元一世紀の地中海沿岸地域の人々は、「十字架」と聞けば、現代の私たちよりはるかにリアルにその意味を感じ取ったはずです。「十字架」は極刑、この上ない悲惨な形で命が犠牲になることです。「十字架」は政治的です。反乱分子を抑えて、ローマ帝国の支配を見せつけるための道具です。階級や経済状況による差別・抑圧も意味します。それゆえ「十字架を負う」とは、社会の底辺にまでも赴く方向性、帝国支配とは真逆の方法、抽象化されない社会的出来事、そして、命まで犠牲にする覚悟でもって歩み行くことを意味します。「十字架を負って、わたしに従って来なさい」（三四節）とは、そのようにしてイエスに従うこと、恵みを分かち合って生きることなのです。

いやはや、厳しいことです。ここまで言われると、さすがにフットワークも軽くついて行くなんてできそうもない感じがします。しかしながら、イエスが招く十字架の道は、苦労が徒労に終わる道ではありません。むしろ、十字架の道を避けることのほうが、残念な結果に終わることになります。「自分のいのちを救おうと思う者はそれを失い、わたしと福音のためにいのちを失う者は、それを救うのです」（三五節）。失うことを恐れて、自分中心を捨てることができず、払うべき犠牲を惜しんでいては、大切なものを失っていくことになるということです。その結末は、いのちの源である神の力と栄光をまるで知ることなく、そこから永遠に疎遠になるということです（三八節）。逆に、イエスが招く恵みの道（福音）のために犠牲を惜しむことなく、命がけの真剣さで歩むなら、神の恵みの支配の豊かさ・力強さに目が開かれて、活き活きと生きることができるということです。そして、その歩みはいのちを救う、すなわち、死に打ち勝つ勝利に至ることが示されます。恵みの招きに応えて十字架の道を歩み行けば、この勝利に行き着くのだと、イエスは語りかけるのです。

イエスがたどった十字架の道

イエスは「わたしについて来なさい」（一・一七、二・一四）と声をかけ、あらためて「わたしに従って来なさい」（三四節）と招きます。そして、それは恵みの道であるけれども、十字架の道になると語ります。それでも妥協なく歩み行けるから、と勧めます。「自分を捨て、自分の十字架を負って」とは厳しい言い方ですが、無茶苦茶な話ではありません。そのように他人に勧める以上は、まずイエスがそのように歩んで道を拓いてくださるということです。そして、その拓かれた道を従って行くということです。イエスは、自分がしないことを他人にやれと命ずるような方ではありません。イエスがまず、十字架を負って、恵みの招きに徹していきます。その後を、弟子たちも自分の十字架を負って、この世の中で恵みに生きる姿を証ししつつ進むのです。

「人の子は多くの苦しみを受け、長老たち、祭司長たち、律法学者たちに捨てられ、殺され、三日後によみがえらなければならない」（三一節）と語られています。注目すべきは、

「なければならない」という言い方。確実にそうなる、ということです。そして、それは単なるお定まり路線の告知ということではなく、目的遂行に向けた使命感の吐露とでも言うべき発言です。どういうことでしょうか。

神の恵みに歩むようにとのイエスの招きは、本来ならばすべての人にとって歓迎すべきメッセージであり、特に、神の恵みに歩む訓練を歴史の中で具体的に受けてきたはずのユダヤ人にとっては分かりやすいはずのものでした。とりわけ、「長老たち、祭司長たち、律法学者たち」はそうした歴史の伝統に通じており、それゆえに、イエスの招きの意味をよりよく理解できるはずでした。ところが、イエスの語る神の恵みは彼らの想定をはるかに超えるものであり、彼らの偏見を打ち砕き、悔い改めを迫るものでした。イエスの言葉と行動は、自分たちに都合のいいリーダーを求めるメシア待望を退け、ローマ支配への憎悪を厳しく戒め、すべての人との和解を迫り、疎外された人々を歓迎することで偽善的な差別構造を暴き、人の言い伝えによって神の言葉を虚しくする欺瞞を指摘します。それで素直に悔い改めれば幸いなのですが、痛いところを突かれて逆切れした彼らは、イエスに対する憎悪と殺意に燃えて、ここに予告されたとおりの行動に出ます。すなわち、イエスを捕らえて苦しめ、そして殺すということです。この時点で、すでにイエスにとっては明らかな出来事なので、これを予告したわけです。

それにしても、人間はここまで醜いのかと、身震いするほどです。恵みに招いた方をこのように扱ってしまうことしかできないのか、と。しかし、恵みに生きることに訓練されてきたはずの人々でさえこうだとするならば、私たちも含めて、そうした歴史的な伝統から遠い者たちは推して知るべし、ということです。彼らの姿を鏡にすれば、私たちの姿が見えます。これが人間の罪深さです。

しかし、イエスは単なる受け身のような形で殺されてしまったというわけではありません。ここですでに予告していることですから、それが嫌なら避ければよいはずのところ、分かっていても受難に向かって歩んで行きます。そこにイエスの遂行すべき目的があるからです。「なければならない」ということです。ならば、その目的とは何でしょう。(1) 恵みの招きを暴力で退ける人間の罪深さを示すこと。(2) そんな人間の罪の結果を背負うこと。(3) そんな罪深い人間をなおも命がけで招くこと。(4) 罪深い人間社会の構造の中で最低扱いされる人々に寄り添うこと。(5) 暴力や死の力さえも恵みの招きを阻止できないことを示すこと。このようにしてイエスは十字架の道を歩み、十字架の死を成し遂げて、その事実によって罪深い私たちにも赦しと新たな歩みを約束し、私たちへの愛と憐れみを示し、どんな悲惨な中でも共にいてくださることを証しし、罪の力・死の力に対する勝利を人間存在にもたらしてくださったということなのです。そして、それゆえに私たちも招かれたとおり恵みに生きることを始めることができる、ということなのです。いわば、「わたしに従って来なさい」と言われるイエスの言葉が私たちの人生に実ってくるということです。

しかし、これは十字架の死が死で終わってしまっていたら虚しい限りの話ですが、そうではありません。「三日後によみがえらなければなりません」（三一節）。すでにこの時点でイエスはよみがえりをも予告して、罪の力・死の力に対する勝利は確実となることを語ります。十字架の死に至るまで恵みに招いたイエスの招きは、よみがえりによって本物であることが立証されます。「自分を捨て、自分の十字架を負って、わたしに従って来なさい」（三四節）と言われると、恐れて尻込みしてしまいそうな私たちですが、まずイエスが十字架の道を歩んだうえで、よみがえりをもってその勝利を明らかにしてくださいましたから、切り拓かれた勝利の道としてイエスに従い、自分の十字架を負って歩むことができるようになるのです。

そこで、最後にもう一度、尋ねます。あなたはだれについて行きますか。

41　勝利の先取り

〈マルコ九・一～八〉

「またイエスは彼らに言われた。『まことに、あなたがたに言います。ここに立っている人たちの中には、神の国が力をもって到来しているのを見るまで、決して死を味わわない人たちがいます。』
　それから六日目に、イエスはペテロとヤコブとヨハネだけを連れて、高い山に登られた。すると、彼らの目の前でその御姿が変わった。その衣は非常に白く輝き、この世の職人には、とてもなし得ないほどの白さであった。また、エリヤがモーセとともに彼らの前に現れ、イエスと語り合っていた。ペテロがイエスに言った。『先生。私たちがここにいることはすばらしいことです。幕屋を三つ造りましょう。あなたのために一つ、モーセのために一つ、エリヤのために一つ。』ペテロは、何を言ったらよいのか分からなかったのである。彼らは恐怖に打たれていた。そのとき、雲がわき起こって彼らをおおい、雲の中から声がした。『これはわたしの愛する子。彼の言うことを聞け。』彼らが急いであたりを見回すと、自分たちと一緒にいるのはイエスだけで、もはやだれも見えなかった。」

あなたは度胸があるほうですか、ないほうですか。度胸といえば、肝だめしに強いとか、人前でもビビらないとか、その手の度胸もありますが、ここで問いたいのはさらに根源的なことです。現代哲学の潮流の一つ、実存主義に言わせると、人間の最深部は不安なのだそうです。安心できないということです。そして、安心がないことに気づくことが我に返るということ、自分自身に気づくことなのだといいます。こうした思想潮流があること自体から考えても、科学や社会システムが発達して生活が便利になった現代、昔に比べたら本当は安心材料のほうが多いはずなのに、なぜか現代人は不安に弱い、あるいは、安心がないことに過敏だと言えるでしょう。安心・安全に少しでも傷がつくと、すべてを失ったかのように感じてしまうメンタリティ。なので、保険業界では様々な商品が出回ることになります。もちろん、社会生活において安心・安全のための細心の努力はなされるべきことですが、もう一方で、多少のことで、すべて失ったみたいに思うほど過敏なのも残念なことです。そういうこともあるもんだぐらいに大らかに達観できればよいのでしょうが、やはり弱い人間、そうはいかないというところでしょうか。安心・安全が保証されないと、恐れてしまって前に進めない姿です。度胸にも限界があるということですね。

そして、このあたりのことが、現代人にとって信仰を持つことのネックになっているのかもしれません。なぜならば、安心・安全の根拠を神に見いだすということは魅力的である反面、「見ゆるところによらずして」歩むこと、また、人間的なものを頼みとしないということなので、やはり足がすくむ感じがするからです。それに加えて、献げること、仕えること、分かち合うことが強調されるとなると、支払う犠牲にばかり目が向いて、さらに尻込みする思いにとらわれがちになります。そして、周りからの反対や妨げにもかかわらず従っていくことが語られると、怖れの虜になってしまい、逃げ出してしまいそうになります。自分の度胸だけでは、どうにもなりません。

ところが、「わたしについて来なさい」（一・一七、二・一四）とイエスは招き、人間的な保証にしがみつかない道に私たちを導きます。イエスが招くのは、神の恵みの支配に歩む道です。神の恵みで生かされている事実にこそ安心・安全の根拠を置いて、それゆえに与えられているものを感謝し、また、互いに仕え合い、分かち合うという歩みです。しかも、この招きに従う道は十字架の道だとまで言われます。「自分を捨て、自分の十字架を負って、わたしに従って来なさい」（八・三四）と語られます。もちろん、恵みの道ですから幸いな道なのですが、そこを理解しない周囲からのプレッシャーや自分自身が引きずっている事柄によって摩擦や抵抗を受けることになります。それでも従って行くとなると、足がすくみます。そこを突破する勝利が示されることなしには、せっかくのお招きへの応答もままならぬ事態となります。しかし、イエスはそういう私たちであることを重々承知で、招く以上は、勇気をもって応答できるように、勝利の先取りを下さるのです。

よみがえりの姿の予告

「まことに、あなたがたに言います。ここに立っている人たちの中には、神の国が力をもって到来しているのを見るまで、決して死を味わわない人たちがいます」（一節）。いったい、だれのことを述べているのでしょうか。何のことを言っているのでしょうか。イエスが「まことに、あなたがたに言います」と言うからには、かなり大切な発言のはずです。さらに言うなら、これは単に目の前にいる弟子たちだけに対して述べているのではなく、この言葉に触れるすべての人々、すなわち、私たちに対しても語られている言葉なのです。死ぬ前に、つまり、生涯の間に神の国・恵みの支配が力強く訪れている様子を味わい知ることができるという約束。この約束に触れる人々の中に、その成就を受けとめることができる人が起こされてくるということです。そして、今を生きる私たちも信じて受け取るなら、そこに含まれるのだということなのです。さて、あなたはその一人になっているでしょうか。

もう少し詳しく述べるならば、イエスはご自分のメッセージの中心テーマである神の国について「時が満ち、神の国は近づいた」（一・一五）と述べていますが、この「近づいた（エーンギケン）」とはまさしく到来を告げる言葉で、言ってみれば、イエスの登場とともに本当に間近に訪れているということです。しかしながら、これまでのイエスの足跡からも明らかなように、なおも反対勢力との闘いがあり、それゆえ、これで神の国が完成しているというわけではありません。完成と言えるのは、イエスの直近の発言で言えば、「人の子も、父の栄光を帯びて聖なる御使いたちとともに来るとき」（八・三八）ということで、現代の私たちから見ても将来の話です。けれども、その完成の時まで神の国・恵みの支配は分からないというのではなく、すでにイエスの登場・その生涯において明らかにされ始めており、さらにここで、「神の国が力をもって到来している」（一節）、すなわち、恵みの支配が圧倒的な形で顕現する出来事が間もなく（弟子たちの存命中に）起きると告知されるのです。なので、その弟子たちの証しである福音書の記述を通してイエスの言葉と出来事に出会う現代の私たちにも、この約束は当てはまることになるわけです。

ならば、その出来事とは何でしょうか。諸説ありますし、実際はイエスの働きにおいてそれらは互いに関連する事柄ではありますが、最も有力な事柄に絞るならば、それはイエスのよみがえり、死者の中から復活するということです。死の力も覆すということですから、まさしく「神の国が力をもって到来している」ということになります。確かに、このイエスの発言の前後に、ご自身の復活を予告する言葉が出てきます。「三日後によみがえらなければならないと、弟子たちに教え始められた」（八・三一）、また、「人の子が死人の中からよみがえる時までは、今見たことをだれにも話してはならない、と命じられた」（九節）とも記録されています。しかも、ここで話してはならないと命じられた出来事は何かといえば、山の上でイエスの姿が栄光に輝くという出来事。そして、それは「神の国が力をもって到来している」というイエスの発言から六日目です（二節）。週の初めから数えて六日目とはユダヤ人たちとしては安息日なのですが、イエスの生涯の展開の中では十字架で死んで葬られた翌日です。そして、実際にイエスがよみがえるのは七日目（翌週の初めの日）なので、六日目はその前日ということでもあります。そこを暗示する六日目にイエスの姿が栄光に輝いたということは、その次の展開の告知、つまり、よみがえりの姿の予告ということになるでしょう。それゆえ、六日前に「神の国が力をもって到来している」と述べたのは、山での姿変わりによって予告されるご自身の復活を意味すると考えるべきでしょう。

それでは、この山の上でのイエスの姿変わりとは、具体的にはいったいどんな出来事だったのでしょうか。「それから六日目に、イエスはペテロとヤコブとヨハネだけを連れて、高い山に登られた。すると、彼らの目の前でその御姿が変わった。その衣は非常に白く輝き、この世の職人には、とてもなし得ないほどの白さであった」（二～三節）。栄光に輝くイエスの姿、驚くべきことですね。しかも、そこにさらに二人の人物が現れます。「また、エリヤがモーセとともに彼らの前に現れ、イエスと語り合っていた」（四節）ということです。エリヤもモーセも旧約聖書に登場する代表的な預言者で、その働きはイスラエルの民を束縛・抑圧から解放して、信仰共同体として整えることでした。ここでエリヤが先行して記されているのは、終わりの時にエリヤ的預言者が現れるというマラキ書の言葉に呼応してのことで（マラキ四・五）、通俗的にイエスをそれだと考える人々が多かった事情と重なるでしょう

(八・二八)。エリヤは、偶像崇拝が正当化する暴虐からイスラエルの民を解放すべく労した人物で、そのために決定的な出来事が起きたのはカルメル山でした。また、モーセはイスラエルの民をエジプト奴隷の立場から連れ出すのに用いられた人物で、モーセ自身の召命においても、イスラエルの民に与えられる神との契約においても、その舞台はシナイ山でした。そして、イエスもローマ皇帝を頂点とする暴力的な社会構造と誤ったメシア待望から人々を召し出して恵みに生きる道に招く解放者で、ご自身の栄光の姿が現れるこの場面、舞台はやはり山であったということです。つまり、この出来事は、イエスの働きがエリヤやモーセがしたことと同じ方向を向いており、しかも、栄光の姿が示すように彼らを超えて彼らの意味を満たす方として来られたのだということを暗示しているのです。

この光景に接して恐れ入ったペテロの発言が、そのことを物語ります。「先生。私たちがここにいることはすばらしいことです。幕屋を三つ造りましょう。あなたのために一つ、モーセのために一つ、エリヤのために一つ」(五節)。三人いるからテントを三つということですが、これは仮庵の祭りになぞらえての表現です。エジプト奴隷の立場から解放された民が荒野を旅したとき、テントで仮住まいをしながら移動したことを記念する祭りです。神の守りを思う意味では大切な機会ですが、仮庵が示すのは旅の途中です。しかし、ここで目の前にあるのはイエスの栄光の姿、つまり、途中ではなく、完成と勝利を明確に予告する姿です。将来の勝利を先取りする現場と言えばよいでしょうか。仮住まいで途上の恵みを覚えるのとは訳《わけ》が違います。ゆえに、「ペテロは、何を言ったらよいのか分からなかったのである」（六節）と言われるのです。

さて、翻って、私たちはイエスが勝ち取ってくださった救い、私たちが招かれた恵みの道に歩めるように罪と死の力を打ち破って解放してくださった事実をどのように受けとめているでしょうか。自分は人生の途中だし、欠点も失敗も多いので、自分としては救いといってもまだまだだと思っていますか。それとも、自分としては未完成だけれども、イエスがすでに成し遂げてくださっているので、先取りという形で救いの完成を希望のうちにリアルに受けとめて喜んでいるでしょうか。イエスは弟子たちに、どうせ予告だからその時でないと分からんぞというようなことではなくて、後々リアルに受け取ることができるような形でよみがえりの姿を予告してくださいました。そして、私たちは、その復活の出来事後の時代に生きて、その招きに応えて完成の将来を待ち望んで生きているわけです。それゆえ、すでになされたイエスの復活に立って、勝利と完成をリアルなこととして先取りしながら歩んでいくことができるのです。

十字架の道が勝利の道に

イエスはご自分のよみがえりの姿をここで弟子たちに予告し、また、予告どおりの復活が後々に起こることで、ご自分が招く恵みの道の行く末が勝利であることを明らかにします。

するとそこから見えてくるのは、イエスについて行くことで受ける苦難も苦難で終わるのではなく、勝利に通じるのだということです。

この山の上でイエスの姿変わりを目撃した三人の弟子たち、ペテロとヤコブとヨハネはイエスの活動開始当初からイエスについて来た弟子たちで、イエスのみわざを間近で見ながら、恵みの支配の力強さを経験してきた人々です。しかし、当時の歪んだメシア待望の影響で、イエスが招く道の意味を勘違いしており、メシアが導く対ローマ革命政府で偉くなれるというような立身出世・世俗の成功者のイメージを本音のところで温存していました。もちろん、イエスはそこを見抜いておられ、イエスの道は受難から殉教に至ることを明らかに語って、彼らの勘違いを正そうとされます（八・三一～三二）。イエスの道は、へりくだって仕えることと・寄り添うことで恵みが証しされる道であり、恵みを分かち合わない欺瞞に対して摩擦を恐れずに悔い改めを迫る道であり、そこについて行こうとするならば、「自分を捨て、自分の十字架を負って」（八・三四）従うことが求められるのです。弟子の道は十字架の道なのだということです。

しかし、そう言われると、恐れを感じて踏み出せないのが人間の弱さ。世俗の成功を当てにして、その保証を求めるのでなく、恵みの神を見上げて、そこに歩むのに犠牲をも払う道となると、ためらいが出てきます。弟子たちもそうだったに違いありません。それゆえ、イエスはそんな彼らにご自身の復活を予告して（八・三一、九・一）、しかも、復活を予示する栄光の姿をも見せて（二〜三節）、十字架の道は徒労に終わるものではなく、その行く末は勝利に至ることを示して、招きに従うことを励ますのです。

しかも、この山上でのイエスの姿変わりの出来事、締めの部分では天から声が響いて、その励ましを後押しします。「これはわたしの愛する子。彼の言うことを聞け」（七節）と。この天からの声は、イエスの公生涯の開始である洗礼の出来事において響いた声と同じで、詩篇二篇からの引用です。王の即位を題材にした詩篇からの引用で、イエスこそ神に立てられた真の王、恵みの統治を打ち立てる方だと宣言されるのです。公生涯の最初でこの宣言があり、ここであらためてこの宣言があります。つまり、「わたしについて来なさい」（一・一七、二・一四）と恵みの道に招くイエスは真の王であり、あらためて「自分を捨て、自分の十字架を負って、わたしに従って来なさい」と十字架の道を説くイエスは真の王なのだと宣言されるわけです。しかも、ご自身の十字架が死で終わるのでなく復活に至るのだと予告し、栄光の姿を見せることでこれを確かなこととして予示するなかで、イエスは真の王なのだと宣言されるのです。真の王ですから、その統治は確かで間違いありません。十字架の道をたどっても、勝利に至るわけです。

もちろん、この時に弟子たちがすべてを悟ったわけではありません。「神の子、イエス・キリストの福音」（一・一）ということは、この時点では読者に冒頭で伝えられているだけです。けれども、イエスの姿変わりで示されたことは、十字架の道の行く末、復活の勝利の先取りです。そして、それは後に弟子たちが悟って、先取りの勝利に励まされながら弟子の道、十字架の道を歩み行くための礎となるのです。十字架の道は弟子の道、そして、後に教会の道となると言うべきでしょうか。そう考えると、この山上に特に招かれたのがペテロとヤコブとヨハネであったことは、実に興味深い事実です。彼らが呼ばれたのは、ひいきではありません。弟子たちの中で先輩だからというわけでもありません（確かに、先輩ではありますが）。この三名、後の教会の歴史をひも解けば、原始教会の大切なポイントを象徴する人物たちです。ペテロは最初の説教者、ヤコブは使徒としては最初の殉教者、ヨハネは復活したイエスの最後の目撃証人にして正典執筆者。そして、三人とも迫害の中を通り、イエスの証しのために苦難を身に受けます。十字架の道を歩んだのです。世俗の成功を夢見ていた彼らが、十字架の道を歩む人々の代表者になったのです。これを可能にしたのは、イエスの復活の事実とそれを予告した姿変わりとが、弟子の道は十字架を通って勝利に至るのだとつかませて、励まし続けたからだと言えるでしょう。そして彼らは、そのように歩むことで真の王による恵みの統治が証しされるのだと確信して、イエスに従ったのです。

私たちもそこに連なっているということを覚えて歩んで行きましょう。

42　十字架へと向かう真の王

〈マルコ九・九〜一三〉

「さて、山を下りながら、イエスは弟子たちに、人の子が死人の中からよみがえる時までは、今見たことをだれにも話してはならない、と命じられた。彼らはこのことばを胸に納め、死人の中からよみがえると言われたのはどういう意味か、互いに論じ合った。また弟子たちは、イエスに尋ねた。『なぜ、律法学者たちは、まずエリヤが来るはずだと言っているのですか。』イエスは彼らに言われた。『エリヤがまず来て、すべてを立て直すのです。それではどうして、人の子について、多くの苦しみを受け、蔑まれると書いてあるのですか。わたしはあなたがたに言います。エリヤはもう来ています。そして人々は、彼について書かれているとおり、彼に好き勝手なことをしました。』」

できるだけ苦労はしたくない、やっぱり楽がしたいという思いは、きっとだれしも持つものでしょう。犠牲を払ったり、つらいところを通ったりすることが最初から分かっているのなら、そういう道には行きたくない、できることなら避けたいという思いが私たちお互いの本音にはありますね。もちろん、これ自体は自然なこと。それで命や健康が守られることも多々あります。なので、そこで自分を責める必要はないのでしょうが、こうした本音が使命感・責任感を持つべき領域にまで拡大して、それが支配的になってしまうと、話が違ってきます。そうした領域であるのに、やたらに労苦を避けようとして、与えられた使命や果たすべき責任を放棄してしまったら、これは残念な姿と言わねばなりません。やはり、使命や責任に関しては、そこに労苦があっても避けることなく、果たすべきことは果たす姿勢が求められます。そして、そのためには、楽をしたいという自然な本音に打ち勝つ強い目的意識が必要となってきます。

「わたしについて来なさい」（一・一七、二・一四）。そのように主イエスは私たちを招く、とマルコの福音書は告げます。この招きに応えてイエスに従うことがイエスの弟子となるということですが、それは、別の言い方をすれば、イエスがもたらす恵みの支配に生きるようになることです。世界は恵みで保たれ、自分は恵みで生かされているという事実に向き合って感謝に溢れ、恵み深い神に信頼して安心でき、恵みとして与えられたものを人々と分かち合う喜びに生きる、つまり、恵みが生活を支配するということです。「神の国が近づいた」（一・一五）とイエスは語りますが、ご自分と共に神の恵みが支配する領域（神の国）が決定的に接近しており、イエスの招きに応えて従うことで恵みの支配に生きることができるということです。もちろん、それには今までの恵み無視の生き方から方向転換することが求められるので、「悔い改めて福音を信じなさい」（一・一五）と言われます。悔い改めるとか従うなどと言われると、何か難行苦行を強いられるようなイメージを持つかもしれませんが、本質的には恵みに生きる幸い、文字どおりの「福音」ということです。

しかしながら、そう言われても、その本質からずれていくのが人間の愚かさ、そして、この愚かさを正当化するのが罪深さです。せっかくイエスについて行き始めた弟子たちも、恵みに生きるというより、力あるメシアに認められて権力の座に着けるかもという俗っぽい期待感で目がかすみ、イエスの招きの意味がきちんと見えない様子。なので、イエスはご自分が十字架の道をたどるのだと告げたうえで、なおも従うように弟子たちを諭します（八・三四）。恵みの招きに生きること自体は幸いなことですが、それに背く世間の中では様々な摩擦があり、そこは耐え忍んでいくことが求められるというわけです。妥協しないで、命をかける姿勢となるわけです。

しかし、そう言われると、そもそも楽がしたいという本音を持つ私たちは足がすくみます。戸惑いと怖れを感じます。なので、ついて行く側としては、それに打ち勝つ強い目的意識を与えられたく思います。そこでイエスは、そうしたリクエストに応えて、ご自分がどんなつもりで十字架の道をたどるのか、なぜそこまでの犠牲を払って道を拓き、従って来るように招くのかを明らかにしてくださいます。

よみがえりの希望をもたらすため

　私たち人間は、だれ一人として死の力に打ち勝つことはできません。けれども、主イエスがよみがえりを、しかも十字架の死からのよみがえりを現実の出来事となして、そのうえで、招きに従ってくる人々に同じく死に勝ついのちを約束してくださいます。そこまで道を拓くべく、主イエスは十字架の道を歩むのです。

　さて、場面はイエスが弟子たち三名を連れて高い山に登り、山頂にて栄光の姿に変貌し、弟子たちにその姿を見せたうえで、山を下りて行くというところ。特に、下山の場面に注目したいのですが、その前に、山頂でイエスが栄光の姿を現して弟子たちに見せた、この出来事にどんな意味があるのか、振り返ってみましょう。まず、山に登る直前、イエスと弟子たちとの問答が記録されていますが、そこで露わになるのがイエスをきちんと理解できていない弟子たちの姿でした。当時の時代風潮から対ローマ革命のリーダーというメシア像にイエスを当てはめて、弟子である自分たちもまた革命政府で権力の座にという野望に気持ちが傾きがちな姿。イエスはその誤りを正すべく、ご自分の受難をあからさまに予告し、それに反発する弟子たちを叱責したうえで（八・三一〜三三）、「だれでもわたしに従って来たければ、自分を捨て、自分の十字架を負って、わたしに従って来なさい」（同三四節）と語ります。イエスの道は世間的な成功にひた走る道ではなく、神の恵みの事実を喜んで分かち合い、そこに人々を招く道です。ところが、これを理解しない世間からは反発を食らいます。特に、恵みに背いてきたことへの悔い改めを迫るので、その反発は激しくなり、やがて受難は現実となるのだということです。けれども、それで命を捨てても人々を招き続けるというのがイエスの道、すなわち、十字架の道なのだと語るのです。

しかし、そう語られて、なおも恐れなくイエスに従って行けるのかというと、なかなかそうはいかないのが人間の弱さ。そこでイエスは、十字架の道が苦難の死で終わるものではないことを言葉で告げるだけでなく、はっきりと示すために三名の弟子を連れて山に登り、ご自分の栄光の姿、いわば、よみがえりの出来事の予告編を見せなさるわけです。この三名は、ひいきということではなく、やがて誕生する原始教会の要人たち。つまり、現時点では予告編だけ見てピンと来ることはないにせよ、やがて、彼らが実際にイエスのよみがえりの出来事に遭遇し、十字架の道の真実を知って本当にそこに歩み、人々を招いていく将来を見通してのことだったわけです（一～八節）。

しかしながら、この時点ではまだ、よみがえりの予告編に触れただけ。三名の弟子たちは、これでよみがえりの意味を悟ったわけではありません。それゆえ、下山の際にイエスは、よみがえりの時までは「今見たことをだれにも話してはならない」と命じられるのです（九節）。意味が分かっていないのに、やたらと話を拡散されても困ります。三人はイエスから命じられたことに従い、このことについて他言無用で通すことにしますが、彼らの中ではイエスが語るよみがえりとは何なのか、それが気になる話題となり、論じ合いながらの下山となったわけです（一〇節）。

さて、彼らが気になって論じ合っていたのは、よみがえりということが実際にあり得るのかということではありません。確かに、彼らは啓蒙主義以降の科学的世界観が絶対というような人々ではありませんが、彼らにとっても死者のよみがえりは不思議なことではあります。けれども、科学に基づいてその可能性を全否定するような感覚はなく、むしろ、そのこと自体は希望として受けとめるという時代感覚がありました。何世紀となく周囲の巨大な古代帝国の盛衰にさらされて、苦節を通ってきた歴史がありますので、義人が受難の末に死んで終わりなんてあってよいものか、神がそれを放っておくわけがないではないかという気持ちを共有しています。なので、よみがえりの告知そのものが珍しいということではなく、一人の方がよみがえって、それでどうなるという、そこが最も気になるわけです。他の人々はどうなるのだろう、終わりの時にみんな一斉によみがえるということではないのか、それで自分たちはいったいどういうことになるのだろう、と。

そして、そこが気になるという感覚の根底にあるのが、よみがえりの出来事に先立つとされる受難の告知と「自分の十字架を負って」ついて来るようにとのチャレンジです。弟子たる者、そうやってついて来るものだ、と言われてしまったら、自分たちも受難覚悟でついて行くしかないのかと頭で理解しても、やはり「十字架を負う」という表現はどぎつすぎます。

十字架刑を実際に目撃したことのない現代の私たちでは想像もつかない、身の毛のよだつ感覚があります。そういう受難を通ってまでイエスについて行くなんてできそうもないし、そんなところは通りたくないし、だから、イエスの受難だって受け入れたくないという思いがあります。「十字架を負う」なんて何かの間違い、あるいは、もののたとえ（革命への旗揚げとか）程度であってくれというのが本心です。なので、よみがえりの告知はアイディアとしては理解できても、心にはヒットしないというのが彼らの実情だったわけです。

しかし、イエスが招く恵みの支配が間違いないものであるなら、あらゆることに関して負けるなどということはないはずです。どんなに世間が反発しても、そして、それゆえの厳しい苦難を受けようとも、それで諦めさせられるようなものではありません。受難に直面してもなお、恵みの支配に人々を招き続けます。「福音のためにいのちを失う」（八・三五）ことが現実となっても、招きをやめません。十字架刑という身の毛のよだつ仕打ちすら、恵みの招きを潰すことはできないのです。否、むしろ、そこまで犠牲を払っても、反発する人々すら招き続けるのだという、恵みの招きの力強さが際立つ出来事になります。それがイエスの道であり、弟子たちにそこを分かってほしいのですが、受難の意義やそこに従う勇気など、そう簡単に理解できるものではありません。

はたして、それでも勝利なのだと、どうやって分かってもらえるのかということです。もちろん、イエスはその点を承知しています。また、実際に命を失ったとき、死んで終わりであったとすれば、やはり依然として死の力に対しては無力であったという話になってしまいます。そこが覆されなければなりません。だから、一度、十字架の死を死んで、なおもそこから復活するという出来事が起こらなければならないのです。そして、イエスはそれが起こると予告なさるのです（八・三一、九・一）。否、言葉で予告するだけでなく、山の上で栄光の姿を見せて、弟子たちによみがえりの出来事を予見させるのです（九・二～八）。

しかしながら、イエスの姿変わりを見せてもらっても、それは死からのよみがえりではありませんので、弟子たちの中で今一つつながりが悪く、互いに論じ合うことになるわけです。それでもイエスがそこを予示してくれたのは、やがて本当にイエスのよみがえりが起きたとき、彼らがその意味を間違いなく明確にとらえて、恵みに人々を招くイエスの道に彼らも「自分の十字架を負って」従って行けるように、そして、恵みの道は確かに勝利であるという証言、つまり、「福音のためにいのちを失う者は、それを救う」（八・三五）ことの証言ができるようにと、そのための配慮であったというわけです。

恵みの道だと言われて従い始めても、周囲の無理解のゆえに十字架の道になる現実に際して、それでも逃げないで従い続けるには、あらかじめ、その道の行く末に勝利ありと明確にとらえていなければなりません。つまり、その道は死の力を打ち破るいのちを受け取る道で、いのちの勝利（しかも、最も惨めな状況からの）が決定的な出来事として明確になって初めて、実際には従い行ける道なのだということです。この勝利をゴールとして見据えて初めて、十字架の道だと分かっていてもなお、そこを踏み行くことができるのです。そこまで道を切り拓くために、イエスはまずご自分が十字架の道をたどるのです。

反逆する人間をなおも愛するため

あえて十字架の道をたどるとなれば、そこには怖れを超えさせる大きな目的があるはずです。イエスが十字架の道をたどるのは、恵みに生きることによみがえりのいのちと逆転勝利をもたらすためですが、そこを人間が受けとめることができるように愛を尽くすためという点も見逃せません。恵みの招きに反発する人々を避けることなくなおも招き続ける結果が受難、そして、十字架ですから、そこには招き続ける愛が命がけで示されているということなのです。ここまで愛を尽くされて、ようやく私たち人間は恵みの招きの真実にはっきりと気づかされて、そこに応答することができるのです。

さて、イエスが姿変わりした山からの下山中、弟子たちはよみがえりについて論じ合っていたかと思いきや、「なぜ、律法学者たちは、まずエリヤが来るはずだと言っているのですか」との質問をイエスに投げかけます。何の脈絡なのか、いきなりの展開に見えますが、これは終わりの時に一斉によみがえるという期待とマラキ書が告げる預言者エリヤの再来（マラキ三・一、四・五）とを絡めて考える風潮が社会の中で支配的であったことに由来します。そして、その風潮をリードしていたのがパリサイ系の律法学者だったというわけです。

ここで引き合いに出されているエリヤとは列王記に登場する預言者で、アハブ王・イゼベル妃体制の恐怖政治と宗教混交文化から社会を解放して、人々を神の恵みに立ち返らせる働きをなした人物。そして、終わりの日に同様の力ある預言者が活動するというマラキ書の預言に注目が集まっていたので、弟子たちもそこをイエスに尋ねてみたというわけです。つまり、「よみがえる時までは」イエスの変貌について話すなということは（九節）、その時はそう遠くない話で、だとすると、マラキ書の言うエリヤの再来がそれよりも前にあると学者たちが言っているのはどういうことなのか、という疑問です。これに対してイエスは、「エリヤはもう来ています」と衝撃的な回答をします（一三節）。それがだれであるか、ここで明言されてはいませんが、バプテスマのヨハネを指していることは言うまでもありません。なるほど、バプテスマのヨハネの働きは、人々の心と生活を神の恵みに向け直すことでした（一・四〜五）。また、ヨハネの服装もエリヤを意識した装いでした（一・六）。そして、何よりマルコの福音書はヨハネを紹介するにあたりマラキ書を引用して、ヨハネこそマラキ書が示すエリヤ的預言者なのだと示唆します（一・二）。ところが、そういう形でヨハネが登場して、人々を神の恵みに向け直すべく悔い改めを迫りますが、最初のうち人々はヨハネに群がるも、結局はついて行けず、最期はヘロデ王の下で処刑されるという結末（六・二一〜二九）。まさにここでイエスが述べるとおり、人々は「彼に好き勝手なことをしました」（一三節）ということだったのです。

終わりの時の救いを告知する神からのメッセンジャーとして登場が待ち望まれていたにもかかわらず、いざ登場してみると意に沿わない、だから手のひらを返して拒み倒すという人々の様子は、罪深さの縮図です。けれども、こういうことがないでしょうか。神のみころを求めていたのに、気に食わないと従えないとか、神のみわざを待ち望んでいたのに、思惑と違うからと受け入れを拒んだりとか、神のみことばを取り次ぐ器だと持ち上げながら、牧師先生に厳しいことを言われると、そっぽを向いたりとか。「好き勝手なこと」をやってしまっていませんか。

当時の社会のこうした様子に、イエスは人間の罪深さを見抜いていました。しかし、だからといって、イエスは人々を見捨てるわけでも、そこから逃げ出すわけでもありません。その場に残り、なおも人々を恵みに招き続けます。ヨハネに対して「好き勝手なこと」をしたなら、ご自分に対してはなおさらだろうということは容易に想像ができます。だから、「多くの苦しみを受け、蔑まれると書いてある」と、さらに預言書に言及して、ご自分の受難を語るのです。けれども、踏みとどまって、人々を恵みに招き続けられるのです。このまま進めば十字架の道となるのは間違いありません。しかし、イエスは引き返したりなさいません。弟子たちを連れて、姿変わりの山を下って行かれるのです。下って行けば、罪深い人間の反逆が待っています。山上にいれば、栄光の姿で王の称号で呼ばれたのに（三、七節）、そこから下って、反逆する人々のところに赴かれるのです。

何のためでしょう。彼らを恵みに招くためです。招いたところで反逆するのは分かっています。けれども、見捨ててはおけません。なぜでしょう。愛しておられるからです。ここまで犠牲を払うことに、それ以外の理由はありません。そして、結果として命を捨てることになります。そこまで愛しているということです。そこまでしても恵みに招きたい、その幸いを知ってほしい、そして、悔い改めて恵みに向き直ってほしいという情熱。そのためだったら命を捨てても惜しくない、十字架にまで行くのだという、これがイエスの心なのです。

イエスにとって十字架の道の目的は、この愛を私たちに示すことです。これほどの愛で愛されたと知れば、招きに応える以外にないではありませんか。イエスに招かれたとおりに恵みに生きて、世間との摩擦があろうがイエスに従い続けて、犠牲を払っても人々を恵みに招き続ける歩みに踏み出していくのです。「自分の十字架を負って」イエスに従って行けるのは、十字架で示されたイエスの愛で愛されているからなのです。

43　神の国の力を味わうために

〈マルコ九・一四〜二九〉

「さて、彼らがほかの弟子たちのところに戻ると、大勢の群衆がその弟子たちを囲んで、律法学者たちが彼らと論じ合っているのが見えた。群衆はみな、すぐにイエスを見つけると非常に驚き、駆け寄って来てあいさつをした。イエスは彼らに、『あなたがたは弟子たちと何を論じ合っているのですか』とお尋ねになった。すると群衆の一人が答えた。『先生。口をきけなくする霊につかれた私の息子を、あなたのところに連れて来ました。その霊が息子に取りつくと、ところかまわず倒します。息子は泡を吹き、歯ぎしりして、からだをこわばらせます。それであなたのお弟子たちに、霊を追い出してくださいとお願いしたのですが、できませんでした。』　イエスは彼らに言われた。『ああ、不信仰な時代だ。いつまで、わたしはあなたがたと一緒にいなければならないのか。いつまで、あなたがたに我慢しなければならないのか。その子をわたしのところに連れて来なさい。』　そこで、人々はその子をイエスのもとに連れて来た。イエスを見ると、霊がすぐ彼に引きつけを起こさせたので、彼は地面に倒れ、泡を吹きながら転げ回った。イエスは父親にお尋ねになった。『この子にこのようなことが起こるようになってから、どのくらいたちますか。』父親は答えた。『幼い時からです。霊は息子を殺そうとして、何度も火の中や水の中に投げ込みました。しかし、おできになるなら、私たちをあわれんでお助けください。』イエスは言われた。『できるなら、と言うのですか。信じる者には、どんなことでもできるのです。』するとすぐに、その子の父親は叫んで言った。『信じます。不信仰な私をお助けください。』イエスは、群衆が駆け寄って来るのを見ると、汚れた霊を叱って言われた。『口をきけなくし、耳を聞こえなくする霊。わたしはおまえに命じる。この子から出て行け。二度とこの子に入るな。』すると霊は叫び声をあげ、その子を激しく引きつけさせて出て行った。するとその子が死んだようになったので、多くの人たちは『この子は死んでしまった』と言った。しかし、イエスが手を取って起こされると、その子は立ち上がった。イエスが家に入られると、弟子たちがそっと尋ねた。『私たちが霊を追い出せなかったのは、なぜですか。』すると、イエスは言われた。『この種のものは、祈りによらなければ、何によっても追い出すことができません。』」

キリスト者であるお互いにとっては野暮な質問かもしれませんが、あなたは神には力があると信じていますか。それはキリスト者なら「ハイ」と即答できるでしょう。と思いたいところ、確かに頭の理解としては間違いなく同意できるものが、実際の生活の中であらためてどうかと問われれば、事と次第によっては神の力にすがって祈る、人格の深みから信頼して委ねる、そして、感謝して進むということに難しさを感じる領域があるかもしれません。しかし、信じるということが客観的な情報に同意するということを超えて、人格的な関わりとして信頼して共に歩むということであるなら、それは生活の全領域に及んで豊かなものであり、そうした信頼関係に歩むにつれて、その豊かさを味わい知ることになるでしょう。ぜひとも、そのように成長したいものです。神は力ある生けるお方で、その恵みで治める神の国は生活と社会の全領域に広がることを現実に肌で感じて歩んでいくということです。そして、そのために大切なことは、神の恵みの支配が事実であることに心開いているということです。せっかく神の恵みが力をもって働いていても、受け取る側が知らん顔だったら、それを味わい知るなんて無理な話。当然です。逆に、しっかり心開いて期待を持っているならば、恵みの力に様々なところで気づくようになるでしょうし、そこを提供する神ご自身としても喜んでなおも力を現しなさるでしょう。

「神の国が近づいた」(一・一五)と宣言なさるイエスは、ご自分について来るようにと人々を招きます(一・一七、二・一四)。ご自分と共に恵みの支配が決定的に訪れて来ているゆえに、恵みに生かされている事実を無視するわがままで傲慢な歩みを悔い改めて、恵みの事実に立ち返って応答して歩むようにとの招きです。そして、この招きに応えて、イエスに従うのが弟子の道ということです。招きに応えるとは、心を開いて受けとめることが前提とされることなので、当然ながら、恵みの支配の力を味わい知っていけるはずです。確かに、イエスに従い始めた弟子たちは、イエスの身近にいて、その数々の力強いみわざに接し、神の国の力をそれなりに感じるようになります。けれども、世間的な期待感や自分たちの野望が邪魔をして（革命のヒーロー的メシア像）、恵みの力の本意を受け取ることができません。なので、イエスはそこにある勘違いを正すべく、恵みの支配の方向とは権力志向ではなく、恵みを分かち合う交わりを生み出す方向であると諭します。それを実現するために命をかける十字架の道を歩むのだと語り、従って来るようにと、いっそう励まします。方向を正したうえで、なおも励ましてくださるのは、本当に神の国の力を味わってほしいからであり、それが可能だからです。私たちも方向を正されつつ、恵みの支配の力を味わい知る者たちでありたく思います。

恵みの深さに信頼して祈る

ならば、どのようにして私たちは神の国の力を味わい知ることができるのでしょうか。一つ言えることは、先に述べたとおり、すべて恵みで治めてくださる神に心開くことですが、その表明として神の恵みの深さに信頼して祈るということ、これを外すことはできません。人間同士であっても、「信じているよ」と言われれば力が出てきます。逆に、「あんたなんか信用ならない」なんて言われたら、モチベーションは下がります。もちろん、神は人とは違いますが、ご自身を信頼する者たちに「信頼してよかった」と思ってもらいたい心は持っておられます。信頼する者たちには、それにふさわしく恵みの力を現してくださるでしょう。信頼の告白は、恵みの力を味わい知るには不可欠です。

さて、今回の場面は一人の人が癒やされるという出来事です。悪霊につかれて発作のような症状を起こす人です。ここで一つ注意すべきことですが、こうした発作をすべて悪霊の仕業のように決めつけて、つまらない偏見を持ってはいけません。この人の場合、心身の弱さに恵みから引き離す力が組織的に働いて、こうなってしまっていたということです。けれども、イエスはそこに恵みの力をもって臨み、癒やしをもたらしてくださいます。ただ、数ある癒やしの出来事と比べて、今回は幾つか特徴的な点が見られます。(1) 最初、イエスが不在だったこと。(2) それで、その場にいた弟子たちが癒やしに挑戦してみたこと。(3) しかし弟子たちが失敗したので、ちょうどそこへ戻って来たイエスに癒やしを願い、イエスによって癒やしがなされたということ。

そして、こうした展開の中で特に興味をひくのが、イエスと弟子たちの事後の会話です。弟子たちが恥じ入ったように尋ねます。「私たちが霊を追い出せなかったのは、なぜですか」(二八節)。イエスの回答は、「この種のものは、祈りによらなければ、何によっても追い出すことはできません」(二九節)。ということは、弟子たちは祈らずして悪霊を追い出そうとしたのか、と単純に勘繰りたくなりますが、彼らは本当に祈らなかったのでしょうか。

さすがに祈りもしなかったなんてことはないでしょう。彼らはイエスが祈りをもって力あるみわざをなさるのを何度となく見てきました。二人一組で派遣された実習の時、彼ら自身も同様にして人々を癒やし、悪霊を追い出すみわざに参与させてもらっています（六・一三）。なので、ここでも彼らは祈って挑戦してみたはずです。祈ったのに、今回は彼らにはできず、イエスから祈りによらずしては無理だと言われてしまいます。なぜでしょうか。

私たちも時折、祈っても願いどおりにならず、「祈ったはずなのに」と思うことがあります。そんなとき、つい考えてしまうのは、祈りの回数が足りなかったのか、祈り方が悪いのか、祈っている自分に不備があるのかというようなことで、因果応報のように感じてしまうことはないでしょうか。けれども、それは大きな誤解です。願いの内容や動機がとんでもないことならともかく（ヤコブ四・三）、神はそういう方ではありません。私たちの祈りを待っていてくださる方です。それでも願いどおりにならないのは、そこに何か神の語りかけがあるということです。何かを学んでほしい、悟ってほしいということです。それが何かは場合によりけりですが、この場合、弟子たちに知ってほしいこととは、恵みの深さに信頼することにおいてさらに成長する必要があるということです。

ここでの弟子たちの発言をよく読むと、彼らはやはり自分たちではできるつもりだったようです。「私たちが霊を追い出せなかったのは、なぜですか」（二八節）。できるつもりでないなら、こんな質問は出てきません。最初から「どうせ、無理」と投げやりだったなら、こんなことは言いません。できるつもりだったのに、できなかったので、どうしてと尋ねたくなったわけです。そして、このできるつもりの出所はどこかといえば、おそらく過去の体験でしょう。かつて、二人一組で派遣された実習です（六・一三）。あの時はうまくいった、だから今回もできるつもりになっていたということでしょう。過去の体験を拠りどころにして、見通しが甘くなり、しかも、その過去の体験を恵みの実習ではなく自分の手柄のように考えて、神の恵みにすがる心が純粋ではなかったということです。なので、今回、イエスの留守中、イエスの帰りを待つこともしないで、「一丁、俺たちでやってやるか」みたいな流れになったのでしょう。想像ではありますが、ペテロとヤコブ、そしてヨハネも留守なので、その隙に手柄をあげれば自分たちのランクも上がるのではという野望や競争心があっても不思議ではありません。実際、かつての実習報告会で手柄話に傾きがちな彼らの様子がありましたし（六・三〇）、後日、だれが一番偉いのかで口げんかしたエピソードも記されています（九・三四）。そうだとすれば、ここで恵みへの信頼は全く吹き飛んでしまっていることになります。

私たちも同じように、自分ができるつもりになって、恵みへの信頼を見失ってしまうことはないでしょうか。あるべき姿はそうではなく、その場その場で恵みの神に純粋に信頼する姿です。弟子たちはこのことに成長する必要があったわけです。

このように恵みに生きることに未熟であった弟子たちは、さらに周りの人々にも変な形で影響を及ぼしてしまっています。彼らはできるつもりでやってみて、うまくいかず、周りで見ていた人々と口論になったといいます（一四節）。ここぞとばかりに敵対する律法学者たちは論争を仕掛け、そこに野次馬からのヤジも飛んできたことでしょう。それだけではありません。ここでの苦しみの当事者、悪霊につかれた息子の癒やしを願い出た父親までも、半ば諦めムードになってしまいます。せっかくイエスが帰って来て、「その子をわたしのところに連れて来なさい」（一九節）と言っていただいたのに、弟子たちができなかったことで癒やしへの強い願いもどこへやら、「おできになるなら」助けてくださいとしか言えない心境にさせられてしまっています（二二節）。つまり弟子たちの行動は、その程度の信頼しか引き出せなかったということです。おそらく、これは単純に結果が出なかったからということだけではなくて、弟子たち自身に恵みに信頼する姿勢が欠けていたので、それが癒やしの依頼者にまで影響してしまったのだということでしょう。

恵みへの信頼が欠けていれば、その信頼を分かち合うことはできません。当然です。当然ですが、身につまされます。あなたはいかがでしょうか。

けれども、イエスはそんな彼らに「信じる者には、どんなことでもできるのです」（二三節）と語られます。もちろん、直接には依頼者である父親とのやりとりですが、その場にいた弟子たちに対するメッセージでもあります。恵みの支配へのまともな信頼への招きです。恵み深い神は生きておられる、信頼する者に力を現される、「どんなことでもできる」。そう言い切っています。そこには、「おできになるなら」という譲歩はありません。できるというのは、自分がという話ではなく、信頼を置く恵みの力がということです。このような姿勢でこそ、神の国・恵みの支配の力を味わうことができるのです。イエスはこのことを明確に語っておいて、癒やしのみわざをなさいます（二五〜二七節）。このように、恵みの深さに本当に信頼して祈るとき、神の国の力を味わうことができるのです。

神の国に献身して祈る

ぜひとも神の国・恵みの支配の力を味わいたい、それならば恵みの神に心開くこと、その表明として信頼して祈ることだと言われます。そして、その表明が純粋であるなら、恵みの支配に生きよという招きに献身的な応答をするはずです。ここで献身とは、牧師などになることに限らず、生活そのものが恵みの支配を証しするものであるように自らを方向づけることを意味します。そのように主イエスの招きに身を献げて応えていくとき、恵みの支配を味わい知るようになるのです。

かつてできたことができない、できるつもりのことができない、祈ったはずなのにうまくいかない、というなかで弟子たちが学ぶべきことは、恵みの深さに信頼するということですが、できるつもりというこの思いの背後をえぐると、成長のためにさらに取り扱われるべきことが見えてきます。すなわち、イエスについて行く動機です。なるほど、弟子たちはイエスについて行き始めていますが、その本音は、自ら恵みを必要とする者であると謙虚に認め、そうした者を神は憐れみ深く恵んでくださると本気で信頼し、その幸いを告げ広めるということではありませんでした。むしろ、本音のところでは、謙虚さとは逆の野心が先行する有様でした。当時の風潮のままに対ローマ革命のヒーローというメシア像を抱き、それを力あるみわざをなさるイエスに投影して、この方について行けば天下人の家臣になれるというようなイメージがありました。だから、弟子たちの中でだれが偉いかが気になっていたわけです（三四節）。今ここで何かできればランクが上がる、そのつもりでやってみたというわけです。

しかし、イエスは事前にそうした弟子たちの姿を察知して、その姿勢を正す取り扱いをすでに始めておられました。イエスについて来るということは、「自分を捨て、自分の十字架を負って」（八・三四）ついて来ることなのだ、と。恵みの道は確かに幸いな道だが、どんなに恵み招いても世間は理解せず、それゆえ苦難・迫害を受けることになる、けれども、そこを通って行くのだ、と。それがイエスの道だというわけです。そこまでして人々を恵みに招くのは、愛以外の何ものでもありません。

ところが、野心にとらわれている弟子たちは、イエスのこの導きを受けつけることができません。ペテロはイエスの導きを遮るようにして、イエスを諫め始める有様。なので、逆にイエスから叱られてしまいます（八・三二～三三）。弟子たちの内心としては、イエスが十字架の道に進んでしまったら自分たちの願望はどうなるのかと、そこが不安で、イエスについて行くのに何とも煮え切らない態度になってしまうのです。イエスご自身は恵みの招きに献身しておられるのに、それについて行くはずの弟子たちが献身できずに、煮え切らない態度でいるという構図です。そして、この煮え切らない感じが、野心に沿う方向ではできるつもりの弟子たちを空回りさせて、結局うまくいかず、依頼者に「おできになるなら」と条件を付けさせて、イエスへの信頼を引き下げる結果となってしまったということです。残念ですが、これでは恵みの支配の力を味わうことになりません。

もし、恵みの支配の力を味わいたいと願うのならば、イエスの招きにまともに従うことです。すなわち、イエスにどこまでもついて行くことです。イエスは恵みの道に招くのに献身しておられ、そのためには十字架の道をも通ると言われます。ならば、その道もイエスについて行くということです。イエスが献身しておられるから、イエスについて行く者も献身するということです。そこに踏み出すのに、怖れがあるでしょうか。しかしイエスは、十字架の道は徒労に終わらない、勝利につながるとお示しになります（八・三四〜三五）。この時点ですでに、イエスはご自分のよみがえりを予告し（八・三一、九・一〜一三）、そして今や、予告のとおりに死者の中からよみがえってくださいました。恵みの道に献身して十字架の道を通っても、その先はよみがえりの勝利なのだから、大丈夫なのだと。だから、私たちも信頼してイエスについて行ける、すなわち、恵みの道に身を献げ、十字架の道をも通って行けるということです。

　そして、それでこそ、恵みの支配の力を味わい知ることができるのです。恵みの神に信頼して身を献げる姿勢で祈ればこそ、見えてくる景色があります。身を献げる姿勢に応えて注がれる恵みの豊かさ、そして、献身的であればこそ気づかされる恵みの支配の力強さがあります。イエスは「この種のものは、祈りによらなければ、何によっても追い出すことができません」（二九節）と、祈ったはずの弟子たちに言われました。世間的な野望を引きずっており、恵みの道に献身的とは言えなかった弟子たちの姿を浮き彫りにして、神の国の力を味わうには神の恵み深さに信頼して身を献げる姿勢で祈ることだ、と示したのです。そのようにして、私たちもまた、恵みに歩む力強さを味わい知るお互いでありたいと思います。

44　主イエスに引き出される信仰

〈マルコ九・一四〜二九〉

「さて、彼らがほかの弟子たちのところに戻ると、大勢の群衆がその弟子たちを囲んで、律法学者たちが彼らと論じ合っているのが見えた。群衆はみな、すぐにイエスを見つけると非常に驚き、駆け寄って来てあいさつをした。イエスは彼らに、『あなたがたは弟子たちと何を論じ合っているのですか』とお尋ねになった。すると群衆の一人が答えた。『先生。口をきけなくする霊につかれた私の息子を、あなたのところに連れて来ました。その霊が息子に取りつくと、ところかまわず倒します。息子は泡を吹き、歯ぎしりして、からだをこわばらせます。それであなたのお弟子たちに、霊を追い出してくださいとお願いしたのですが、できませんでした。』イエスは彼らに言われた。『ああ、不信仰な時代だ。いつまで、わたしはあなたがたと一緒にいなければならないのか。いつまで、あなたがたに我慢しなければならないのか。その子をわたしのところに連れて来なさい。』そこで、人々はその子をイエスのもとに連れて来た。イエスを見ると、霊がすぐ彼に引きつけを起こさせたので、彼は地面に倒れ、泡を吹きながら転げ回った。イエスは父親にお尋ねになった。『この子にこのようなことが起こるようになってから、どのくらいたちますか。』父親は答えた。『幼い時からです。霊は息子を殺そうとして、何度も火の中や水の中に投げ込みました。しかし、おできになるなら、私たちをあわれんでお助けください。』イエスは言われた。『できるなら、と言うのですか。信じる者には、どんなことでもできるのです。』するとすぐに、その子の父親は叫んで言った。『信じます。不信仰な私をお助けください。』イエスは、群衆が駆け寄って来るのを見ると、汚れた霊を叱って言われた。『口をきけなくし、耳を聞こえなくする霊。わたしはおまえに命じる。この子から出て行け。二度とこの子に入るな。』すると霊は叫び声をあげ、その子を激しく引きつけさせて出て行った。するとその子が死んだようになったので、多くの人たちは『この子は死んでしまった』と言った。しかし、イエスが手を取って起こされると、その子は立ち上がった。イエスが家に入られると、弟子たちがそっと尋ねた。『私たちが霊を追い出せなかったのは、なぜですか。』すると、イエスは言われた。『この種のものは、祈りによらなければ、何によっても追い出すことができません。』」

私たちの生活は、信じることを抜きにしては成立しません。人生には不確定要素が付きものですから、すべてを実証して確認したうえでないと前進できないなんてやっていたら、何も進みません。実証できずとも信じて進むという場面は、人生にいくらでもあることです。

自然な人間関係然《しか》り、社会における契約関係然り。そして、そのように信じられる度合いが高ければ高いほど、間柄は安定して、幸いな歩みができるということになります。猜疑心の虜になってしまったら、気の休まることはありません。なので、信じるということを軽く考えてはいけません。

さて、この信じるということは、もちろん信じる主体が自ら信じるということで成立することではありますが、やはり相手あってのこと。信じることを決めるのは自分であっても、その決め手は相手と向き合って引き出されてくるものです。うさん臭いセールスマンが相手だと、商品の信用度も低くなるでしょう。お世話になった方からのご厚意ならば、恐縮しながらも喜んで信じて受け取るでしょう。信じるということは、相手によって引き出されてくることだと言えます。

このように、生活一般において信じるということを相手から引き出されつつ行っている私たちですが、信用・信頼する相手が人間だけだと、手に負えないことの多い人生、やはり限界を感じます。人間を超える方を求めて、その方に信頼することが必要になります。その場合、超える方を仰ぐということなので、それは信仰と言うべきでしょう。聖書は、天地の造り主こそ信じて仰ぐべき方と語ります。人間を超える方であり、恵み深い方です。向き合えば、おのずと信じる心が引き出されてくるはずです。そして、そこにハズレはありません。

主イエスは、この方の恵みの支配に人々を招くために来られた方です。「時が満ち、神の国が近づいた。悔い改めて福音を信じなさい」（一・一五）と。そして、ご自分とともにある恵みの支配に招くべく、「わたしについて来なさい」（一・一七、二・一四）と人々に語りかけます。人々の中に信仰を引き出すべく、力強く恵みに満ちたみわざでもって語りかけるのです。力強い神の恵みに心開けば、感謝と安心に基づく分かち合いの交わりが社会に生まれる、そこに生きよということです。

けれども、これに応答して、ついて行き始める人々（弟子たち）は、信仰を引き出されつつも、その本当のところが今一つ分かっていない様子（八・一七～一八）。特に、恵みの道は幸いな道だけれども、周囲の無理解により、十字架の道になるのだと語られると、途端に足がすくみ、ついて来るように語るイエスの足を引っ張る言動さえ出てきてしまいます（八・三一～三三）。もちろん、イエスによれば、十字架の道は無駄死にへの道ではなく、いのちの犠牲を突破した勝利に至ります（八・三四～三五）。この予告により信仰が引き出されて、よみがえりの出来事が予告されるのですが（八・三一、九・一～九）。それゆえ、よみがえりの出来事が予告されるのです（八・三一、九・一～九）。それゆえ、なおもイエスに従っていくことが望まれるのですが、弟子たちはまだボンヤリしている様子。そこで、イエスは彼らの中にさらに信仰が引き出されるべく、機会をとらえてみわざをなさるのです。忍耐深く彼らとともに歩み、信仰を引き出そうとするイエスは、私たちにも同様に臨んで、信仰を引き出し、イエスに従い恵みに歩めるように導いてくださるのです。

挑発をしのぐ期待感

主イエスが私たちの中に引き出してくださる信仰とは、どのようなものでしょうか。その特徴の一つとして、いかなる挑発をもしのぐ期待感を抱かせるということを挙げることができると、この箇所は語ります。イエスに従い恵みの道を歩もうというとき、その邪魔をしに挑みかかる勢力が出てきますが、そうした挑発に打ち勝つ期待感をイエスは引き出してくださいます。

「さて、彼らがほかの弟子たちのところに戻ると、大勢の群衆がその弟子たちを囲んで、律法学者たちが彼らと論じ合っているのが見えた」(一四節)。何だか、物々しい感じです。論じ合うとは、何か高尚な問答をしているということではなく、口論、つまり口げんかです。この場面、のっけから挑発的な雰囲気が漂っています。イエスと三人の弟子たちが留守の間に、悪霊につかれて苦しんでいる人が連れて来られたというのが、事の発端です。もちろん、苦しんでいる当人とその家族は癒やされたい一心、けれども、取り巻きの人々はどうだったでしょうか。同情的な人々、興味半分の野次馬、そして、イエス一行に敵対心を燃やす人々もいました。イエスが留守なので、お引き取り願うことも考えたかもしれませんが、癒やしの依頼者は弟子たちでもよいから何とかしてほしいとのこと(一八節)。お願いされたら後には引けないということで、彼らは受けて立ちます。かつての実習の時には、似たようなケースでもうまくいったことを思い出し（六・一三）、また、ここで一つ成功を収めると、イエスに同行して山に行った三人の弟子たちに対して「出世レース」で一歩リードできるかもしれないという筋違いな競争心もあったことでしょう（九・三四）。それで、癒やしのわざに挑戦してみたのですが、結果は失敗ということで、口論が勃発したというわけです。

特に、敵対心をもってその場を見つめていた人々が一気に攻勢に転じます。野次馬たちは面白がって、ヤジを飛ばします。そして、弟子たちは防戦一方です。以前にできたことを盾に取ってみても、言い訳にもなりません。今できなかったのは紛れもない事実で、どうやっても旗色は悪くなります。

そもそも、この場所、ピリポ・カイサリアは、カイサリアと呼ぶだけあって皇帝（カエサル）崇拝を高揚すべく像が建てられるなど、ローマ帝国の支配とローマにすり寄るヘロデ・アンティパスの政策が色濃く社会の様子に反映されており（北方の国境付近であるだけに力が入る）、それに対して住民たちは強い圧力を感じていました。なので、何とかして自分たちをこの状況から解放してくれるヒーロー（すなわち、メシア）を待望する機運も強く、良くも悪くもイエス一行に注目がいくという雰囲気がありました。その中で、この事件というわけですから、口論は蜂の巣を突いたような騒ぎに発展したとしても不思議ではありません。そこへイエスが戻って来たわけですから、噂をすれば何とやらで、人々は「非常に驚き、駆け寄って来てあいさつをした」（一五節）というリアクションになったわけです。

さて、この場面、このように挑発的な雰囲気が圧倒的なのですが、かつて同じような症状の人をイエスが癒やした場面では、まるで雰囲気が違ったことが思い起こされます。イエスが「エパタ（開け）」と述べて、癒やしのみわざをなした場面です（七・三一～三七）。あの場面、癒やされたのは「耳が聞こえず口のきけない人」であったわけですが（七・三二）、今回も「口をきけなくし、耳を聞こえなくする霊」によるものと言われます（二五節）。似たようなケースなのですが、あのときは期待感に満ちた雰囲気がその場の人々（異邦人居住地の人々）にあったのに対して、このピリポ・カイサリアでは挑発的な雰囲気が支配的です。そして、挑発的な雰囲気はその場の出来事に影響します。弟子たちはこの雰囲気に乗せられて、依頼者の苦しみそっちのけで口論に夢中になり、依頼者もこの雰囲気に呑まれてしまってオロオロするばかり。そこに戻って来たイエスが群衆全体に何の騒ぎかと質問を投げかけて（一六節）、ようやく説明を始める有様です（一七～一八節）。雰囲気に呑まれてこのような状況に陥ってしまうこと、私たちにもあるのではないでしょうか。

しかし、挑発的な雰囲気に呑まれて、期待感のかけらもないというようでは、イエスはみわざをなさいません。できないのではなく、イエスの目的に沿うことにならないからです。イエスの目的は、単に患部・症状の治癒ということだけではなく、神の恵みに信頼する信仰が人々の中に引き出されることです。なので、ここでイエスはすぐに癒やしのみわざを実行なさらないのです。

むしろ、問題をあぶり出すべく、厳しいコメントを述べられます。「ああ、不信仰な時代だ。いつまで、わたしはあなたがたと一緒にいなければならないのか。いつまで、あなたがたに我慢しなければならないのか」（一九節）と。いやいや、厳しい言葉です。イエスともあろう方がここまで言うか、という感じがするほどのコメントです。言われた側も、ここまで言われてしまっては立つ瀬がないという感じになります。けれども、本当に我慢できないなら、「その子をわたしのところに連れて来なさい」（一九節）などと言いません。放っておいて、立ち去ったはずです。しかし、イエスはそんなことはなさいません。やはり、連れて来なさいと言ってくださって、苦しむ者に寄り添う憐れみ深い方です。

逆に、憐れみ深い方がここまで言うのは、挑発的な雰囲気に屈してしまいそうな中で、人々が今一度、神の恵みへの期待感に目覚めるためだということです。イエスのところに連れて来ればいいのだ、それで大丈夫なのだからということです。しかし、依頼者である父親は、まだ期待感をしっかり持てない様子。なので、イエスに向かって「おできになるなら、私たちをあわれんでお助けください」と、イエスにも無理かもしれないという含みを持たせて、状況に譲歩してしまいます。しかし、これに対してイエスは、「できるなら、と言うのですか。信じる者には、どんなことでもできるのです」（二三節）と言われます。これは叱り飛ばした言葉でしょうか。先ほどの厳しいコメントの印象から、そのように感じるかもしれません。けれども、これはそうではなく、むしろ力強い宣言と受け取るべきでしょう。だからこそ、依頼者の中にかすかに芽生えた期待感が潰されることなく、むしろ一気にそれが噴出して、「信じます。不信仰な私をお助けください」（二四節）と叫ばせることとなったのです。イエスによってグッと引き出された期待感、それが周りの挑発的な雰囲気に再び呑まれてはいけません。それゆえ、「イエスは、群衆が駆け寄って来るのを見ると」（二五節）すぐに、すなわち、押し寄せる挑発的な雰囲気に取り囲まれる前に癒やしのみわざを実行なさるのです。

主イエスは、このようにして私たちの中に信仰を引き出してくださる方なのです。周りの雰囲気に呑まれて、恵みへの期待感が十分持てず、不信仰と言われかねない状況であっても、そこに力強く臨んでくださり、恵みへの期待感を呼び覚まし、信仰を引き出してくださいます。恵み深い神に信頼すれば大丈夫なのだとつかませ、その心強さを分からせてくださるのです。

即座不問の信頼と謙遜

主イエスが呼び覚ましてくださる恵みへの期待感は、即座に恵み深い神への信頼と謙遜とに連結します。そして、その信頼と謙遜の姿勢は、神の恵みに対して疑問のつけようのない明らかさを認める姿勢に裏打ちされています。その意味で、即座不問の信頼と謙遜と言えるでしょう。

今一度、このエピソードで癒やしがなされる場面に注目してみましょう。悪霊につかれて大変な症状に見舞われている少年がイエスの前に連れて来られます。すると、「彼は地面に倒れ、泡を吹きながら転げ回った」（二〇節）という状態に陥ります。そこでイエスが尋ねます。「この子にこのようなことが起こるようになってから、どのくらいたちますか」（二一節）。いやいや、そんな質問している余裕があるのなら、目の前で引きつけを起こしている少年をすぐに何とかしてあげたらいいのになどと、はたから見て言いたくなる発言です。けれども、イエスの目的は、単に症状を軽減させることではなく、信仰を引き出すことです。神の恵みに信頼すれば大丈夫、この先も信頼して従っていこうというように、この先の歩みにまで恵みに生きる展望が開けていくことです。なので、この場合、必要あって「どのくらいたちますか」と尋ねなさるのです。

するとその回答は、「幼い時からです。霊は息子を殺そうとして、何度も火の中や水の中に投げ込みました」（二二節）。イエスは何でまた「いつからですか」なんて尋ねたのでしょう。興味本位でしょうか。そんなはずはありませんね。考えてみると、普通、病院に行っても、医師は「いつからですか」と尋ねます。正しい診断には経過の把握が不可欠です。

この場合、イエスは、少年の苦しみの期間とともに、父親の苦しみの期間にも焦点を当てて、その期間の悲痛な記憶をあえて浮き彫りにさせたわけです。それが素直に神の恵みを求めることを妨げてしまっていると見て取ったからです。尋ねられて、案の定、父親は苦しんだ期間に体験したことを思い出しました。我が子が火の中や水の中を転げ回る様子。そこから我が子を救い出そうと、自分も危険を冒して何度も火の中や水の中で我が子と格闘したことでしょう。つらかったでしょう。幼い時からこうだったということですから、かなり長い期間です。かわいい盛りのころからだということですから、心が痛みます。随分と治療費もかかったでしょう。それでもどうにもならず、なので息子には友達もできず、周りから白い目で見られるという辛さ。この苦しみの記憶が神の恵みに信頼することを妨げていたということなのです。それゆえイエスに助けを求めはするものの、「おできになるなら」と現状に対して譲歩してしまい、信頼しきるところまでいかない心を露わにすることとなったのです。

さて、「もし、できることなら、〇〇してくださいませんか」とだれかにお願いすることは、よくあることです。この表現、いったいどんなことを言い表しているのでしょうか。いくつかの場合があるでしょう。(1)実に客観的な感じで、常識的に考えて五分五分程度の成功率という時、ダメなことも織り込んだうえで、できることならお願いしますというケース。しかし、この苦しみの場面、そう冷静に判断しているわけではありません。(2)相手に対する遠慮があり、「できることなら」と言う場合。人間関係ならば、相手に負担をかけない配慮ということで、丁重な依頼と見なされることもあります。けれども、この苦しみの場面、相手はイエスです。そして、状況は切羽詰まっています。こんな遠慮をしている場合とは思えません。(3)期待しても失敗だったとき、心が折れてしまうので、その保険として言い訳を考えておこうとする場合。何かのせいにしておけば（たとえば、これだけひどい状況だからとか、幼いころからのことなのでとか）、とりあえず納得はできなくても、あきらめがついて心が保たれるかもと予想を立てている状況です。何かのせいにして、逃げ道をあらかじめ準備して、不幸な状況に麻痺していくというパターン。この苦しみの場合、たぶん、このパターンが一番はまっているのではないかと思います。「おできになるなら、私たちをあわれんでお助けください」（二二節）。

しかし、これだと、角度を変えて見れば、お願いした相手の実力を勝手な量りで量って、こしらえた言い訳を押しつけて、結果、相手の力を見くびっていることになりかねません。お願いはするものの、信頼しているわけではなく、相手に対して謙遜だというわけでもありません。「おできになるなら」とは、「できなくても仕方ないですよね」という本音の枕詞とでも言うべき表現です。翻って、私たちはどうでしょうか。祈るとき、心に保険をかける言い訳を考えている、などということはないでしょうか。

けれども、そんなときにイエスは、「できることなら、と言うのですか。信じる者には、どんなことでもできるのです」（二三節）と言われます。勝手に言い訳をこしらえても、そんなものが保険になるのではない、本当の保険は恵み深い神に信頼することなのだと。恵みの支配の力強さに自分を賭けていく、そういう人を神が見捨てるはずはないではないかというとです。ここまで言われて、「信じます。不信仰な私をお助けください」（二四節）との祈りが心底の本音として引き出されてくるのです。イエスの力強い宣言、「信じる者には、どんなこともできるのです」との宣言を聞くと、「するとすぐに」（エウテュス）この応答が引き出されてきます。即座不問で「信じます」と、信頼の告白。そして、「不信仰な私」と、弟子たちがダメだったゆえに、イエスまでも過小評価していた自分の不遜を認めてひれ伏す謙遜な姿。このようにイエスに憐れみを求める即座不問の信頼と謙遜が引き出されて、それで癒やしのみわざがなされたのです。イエスはこのように信仰を引き出して、恵みの招きに従うことができるようにしてくださるのです。

「信じる者には、どんなことでもできるのです」（二三節）と言われたイエスは、自ら父なる神への信頼に命をかけて、恵みの招きのために謙遜に十字架の道を歩まれました。恵みの招きを受けつけない罪人たちを招き続けた結果が十字架の死だったのですが、イエスの招きはそれで屈してしまうものではありませんでした。「信じる者には、どんなことでもできるのです」と、十字架の道を最後まで歩み通して、恵みの招きに自らを献げきったのです。それゆえ、「信じる者には、どんなことでもできるのです」とばかりに、三日目によみがえって、この招きが真実であることを明らかにしてくださいました。そのうえで、今も生きて、私たちに対しても「信じる者は、どんなことでもできるのです」と語りかけ、恵みの神への即座不問の信頼と謙遜を引き出して、恵みの支配に歩ませてくださるのです。

45　十字架の道は身近にある

〈マルコ九・三〇〜三七〉

「さて、一行はそこを去り、ガリラヤを通って行った。イエスは、人に知られたくないと思われた。それは、イエスが弟子たちに教えて『人の子は人々の手に引き渡され、殺される。しかし、殺されて三日後によみがえる』と言っておられたからである。しかし、弟子たちにはこのことばが理解できなかった。また、イエスに尋ねるのを恐れていた。

一行はカペナウムに着いた。イエスは家に入ってから、弟子たちにお尋ねになった。『来る途中、何を論じ合っていたのですか。』彼らは黙っていた。来る途中、だれが一番偉いか論じ合っていたからである。イエスは腰を下ろすと、十二人を呼んで言われた。『だれでも先頭に立ちたいと思う者は、皆の後になり、皆に仕える者になりなさい。』それから、イエスは一人の子どもの手を取って、彼らの真ん中に立たせ、腕に抱いて彼らに言われた。『だれでも、このような子どもたちの一人を、わたしの名のゆえに受け入れる人は、わたしを受け入れるのです。また、だれでもわたしを受け入れる人は、わたしではなく、わたしを遣わされた方を受け入れるのです。』」

本当はちょっとしたこと、身近なことなのに、やたらと大げさに考えてしまって、前に進めなくなってしまうことはありませんか。たとえば、大きな災害が起きると、被災した方々の助けになる何かがしたいと思うのに、被害の大きさからすれば自分のできることなんて限られている、たいした助けにもならないのではないかと状況に圧倒されてしまい、行動を起こすのに二の足を踏んでしまうこととか。確かに、そういう場合、大風呂敷を広げても個人の力だけでは何ともならないのは事実の一面でしょう。けれども、身近なできるところから何かを始める動きが大きな援助につながることはいくらでもあります。なので、そこから始めて前に進むことが大切になってきます。というか、どの道、私たちは身近なところから始めるしかないというのが正直なところで、だから、それでよいのだということになるでしょう。大げさに考えすぎて、結局のところ尻込みしているようでは、なすべきことさえ何も進まないという残念なことになってしまうでしょう。何事も大げさに考えすぎないで、身近なところから始めることが肝心なようです。

そう考えると、信仰生活において、服従、献身、十字架の道などと聞いて、大げさに考えすぎてしまって進めないという状況も、要は同じことだと言えるでしょう。自分にはそんな力はない、自分はそんな器ではない、と様々に言い訳を考えて避けようとすることはありませんか。事柄を真剣に受けとめるのはよいことでしょうが、大げさに考えすぎて前に進めないようでは残念です。しかし、大げさなことではなく、本当は身近なことから始められると知れば、私たちの歩みも随分と変わってくるでしょう。

「わたしについて来なさい」（二・一七、二・一四）と主イエスは言われます。この招きに応えて従うのが弟子の道です。私たちキリスト者はイエスを主と告白して、主について行く弟子の道を歩み始めています。それは神の恵みの支配を味わう道で、感謝と安心に溢れ、祝福を分かち合う幸いな道です。けれども、悔い改めて福音を信じる以前の私たち同様、それを世間は額面どおり受けとめません。なので、摩擦や葛藤が生じます。なおも自らそこに歩み続け、人々を招き続けるなら、それは十字架の道になります。これまでの展開で、弟子たちはイエスについて行き始めているけれども、同時に世間的な期待感をイエスに投影しており、それゆえ、イエスが十字架の道を語るに及んで、そもそもの勘違いを露呈するようになります。世間的な成功を夢見る彼らにとっては、自分たちがついて行くイエスが苦しみを受けて殺されるなどあり得ないこと、あってはならないことに思われて、十字架の道を説くイエスに素直に応答できません。けれども、イエスはそのたびに忍耐強く弟子たちの勘違いを正していかれます。そして、十字架の道であっても従って来るようにと促すのです。

マルコの福音書は、こうしたイエスと弟子たちのやりとりを三回記録していますが、ここはその二回目で、特にテーマとして身近なところから十字架の道は始まるということが語られています。なるほど、十字架と聞けば戦慄を覚えます。それで、従うのに二の足を踏む気持ちも分かりますが、実は身近なことで世間と異なる恵みの道に徹することから始まるということです。いきなり大きなことではなく、まずは身近なことから、それは始めること。そのようにして、イエスはご自分について来るようにと促されるのです。

身近なことで仕え合う

イエス一行が北部の山地からガリラヤ中部に移動してくる道中のことです（三〇節）。これまで滞在していたのは、北部のピリポ・カイサリア（ローマ帝国の属国と化したヘロデ家支配の象徴のような国境付近の地域）です。そこでイエスはメシア（キリスト）であると明かしましたが（八・二七〜三〇）、それは世間で待望された対ローマ革命のリーダーではなく、恵みの招きのためにしもべとなって人々に尽くし、それを理解しない人々に捕らえられて苦しみを受け、命を捨てるという十字架の道を歩むメシアだと告げられました（八・三一〜三八）。また、山頂で現れた栄光の姿により十字架の死からのよみがえりが示唆されました（九・一〜八）。今回の場面は、その後、活動の出発点に戻って来る途中ということです。

「イエスは、人に知られたくないと思われた」（三〇節）というのは、そもそも誤ったメシア思想に取り込まれてはならないという配慮をしてきた土地柄であり、さらに弟子たちには、別のメシア像（しもべとして十字架の道を歩む）であるけれども、メシアであることを明かしており、しかし、弟子たちはそこが消化できず誤解したままの様子なので、とにかく各方面で混乱があってはならないという判断からでしょう。世間の多くの人々に知られる以前に、まずはご自分について来ることを始めている人々に正確なことを知ってほしい、という思いです。彼らが勘違いしたままでは、どうにもならないからです。なので、道中、ご自身は「人々の手に引き渡され、殺される。しかし、殺されて三日後によみがえる」と繰り返して語っておられたわけです（三一節）。

「しかし、弟子たちはこのことばが理解できなかった。また、イエスに尋ねるのを恐れていた」（三二節）。何とか分かってほしいとのイエスの思いとは裏腹に、弟子たちは全く理解できない様子です。質問すらできないということから、かなりのピリピリ感が伝わってきます。そういう緊張感は、言葉が理解できていないとはいうものの、どうでもいいことみたいに緩んでしまっているわけではないという様子も示しています。つまり、理解できないというのは、まるで意味不明ということではなく、実は受け入れたくないから理解ができないということなのでしょう。なるほど、今ついて行っている方が間もなく捕らえられて殺されるとなれば、だれだって緊張します。人の情としては、受け入れがたい思いが芽生えて当然でしょう。けれども、質問できなかったというのは、若干残念な気がします。彼らはいつもイエスの近くにいて交わりを持ち、尋ねたいことがあればいつでも尋ねることができる距離感で、だから「あなたがたには神の国の奥義が与えられています」（四・一一）と言っていただける間柄であったのに、この期に及んで、こんな大切なことなのに聞くに聞けない雰囲気になっています。

それだけではありません。緊張するもよし、聞けないのもよし、ならば、黙って聞いていればよいものを、弟子たちは道々、イエスが真剣にご自分の受難予告を語るのをよそに、全く別の話で盛り上がっていた様子です。「一行はカペナウムに着いた。イエスは家に入ってから、弟子たちにお尋ねになった。『来る途中、何を論じ合っていたのですか。』彼らは黙っていた。来る途中、だれが一番偉いかを論じ合っていたからである」（三三〜三四節）。だれが偉いかで口角アワを飛ばして口論するなど、はしたない感じもしますが、実はだれもが内心、強く関心を持っていることで、だから、時として盛り上がる話題になってしまうのではないでしょうか。しかし、何だか悲しいことです。一生懸命、命がけのミッションについて語られている最中、それもどこ吹く風、自分たちの格付けをめぐって口論していたというのですから。けれども、こんなことが教会の中に起きてしまったりしませんか。せっかく、神の恵みに生きる道がどのように開かれたかを説教で聞かせていただきながら、その後早速、互いの立場・主張をめぐって口論になってしまうこと。残念ですが、弟子たちもそうでした。しかし、そんな弟子たちでもイエスは捨てないで、丁寧に薫陶してくださいます。愛です。「何を論じ合っていたのですか」とお尋ねになったのは、彼らの抱える課題を無視することなく、逆に、この際大切なことを学ばせる機会としてとらえなさったからです。残念な気持ちであっただろうとは思いますが、怒りに任せて責め立てるようなことはせず、むしろ、こういう彼らであることを承知のうえで、忍耐をもって向き合うイエスの姿がここにあります。そしてこの姿は、これから述べようとしていることに関して、まずイエスご自身がその道を真に切り拓く方として範を見せた態度と言えるでしょう。

「イエスは腰を下ろすと、十二人を呼んで言われた。『だれでも先頭に立ちたいと思う者は、皆の後になり、皆に仕える者になりなさい』」（三五節）。だれが偉いかということに関心を寄せ、あわよくば自分が一番にと口論する姿とは、真逆です。むしろ、イエスが弟子たちに示している態度そのものです。そして、一般のリーダー論のような気がしないでもないのですが、実はそれを超えています。確かに、威張り散らすよりも腰が低いほうが人望厚くなるというのは一般的にそのとおりでしょう。しかし、そこがポイントではありません。これが語られた場所は、カペナウムです（三三節）。イエスによる神の国の宣教スタートの地。恵みの支配について語り始められた場所、そして、弟子たちが召し出された場所です（一・一六〜二八）。ということは、ここで語られていることは、恵みの支配に生きるように召し出された人々の本質に関わることと見てよいでしょう。「わたしについて来なさい」（一・一七、二・一四）とイエスに語りかけられて恵みに生きることを学び始め、さらに、それが世間にあっては「自分を捨て、自分の十字架を負って」（八・三四）イエスについて行くことだと示されて、ここに至っているわけですから。神の恵みに生きるとは、権力を振るって他者を支配することではなく、互いに仕え合う力を得ていくことなのだということです。

十字架の道と言われて足がすくんだ弟子たちに、事を大げさにとらえるよりも原点回帰を促した状況と発言だと言ったらよいでしょうか。確かに、恵みの道も世にあって真剣に歩めば十字架の道になります。十字架の道なので当然ナメてかかれるものではないのですが、だからといって、いきなり背負えもしない重たい使命に潰されるような話ではなく、身近なところで互いにへりくだって仕え合う交わりに生きる、そのための恵みなのだと受けとめる、この原点から始めるということなのです。なるほど、弟子たちがイエスに従い始めた原点、このカペナウムの地で思い起こすべきことですね。

そして、イエスは身近なことで仕え合うことを弟子たちに諭すために、「一人の子どもの手を取って、彼らの真ん中に立たせ、腕に抱いて彼らに言われた。『だれでも、このような子どもたちの一人を、わたしの名のゆえに受け入れる人は、わたしを受け入れるのです。また、だれでもわたしを受け入れる人は、わたしではなく、わたしを遣わされた方を受け入れるのです』」（九・三六〜三七）と言われます。子どもたちの一人を自分たちの交わりに歓迎して受け入れるという、実に身近で目立たないようなことから、恵みの分かち合いに生きることは始められるのだ、ということです。否、初めの一歩ではすまない、イエスを遣わされた父なる神を受け入れるという、神の国の本質に関わることなのです。十字架の道と言われると大きく考えてしまって、体がこわばりそうですが、恵みの分かち合いに幼子一人をまず迎えることからならば、原点として始められそうです。Yes, you can!!!

小さき者と分かち合う恵みの大きさ

イエスについて行く道、恵みの道は、世間にあっては十字架の道になりますが、それは幼子一人を交わりに迎え入れるという身近なことから始まる、とイエスは語られます。それは、たとえ人目につかぬ小さなことのように思えても、神ご自身の目には実に喜ばしいことです。それが分かると、身近なところに注がれている恵みの大きさを味わい知るようになるのです。

ここでイエスは、幼子一人を交わりに受け入れる姿によって、恵みをもって互いに仕え合う交わりの創出、特にそのリーダーシップの形を語られます（三五～三七節）。しかしながら、幼子一人を受け入れるとは、どういうことなのでしょうか。抱き寄せて頭をなでて、「いい子、いい子」することでしょうか。そういうことも具体的な場面としてあるでしょう。子どもの話をしっかり聞いてあげることでしょうか。確かに、それもその一つでしょう。けれども、子どもの言うことばかりを聞いて、甘やかすことはどうでしょうか。きっと、そこまでいくと違うということになるでしょう。具体的な適用を考え始めると、あの場合、この場合と様々出てきます。もちろん、そこを一緒に考えていくことは大切なことですが、多岐にわたる事柄のゆえ、一本の筋が通らないと話がごちゃごちゃします。

おそらく、そこで考える鍵としてイエスが述べておられるのが、「わたしの名のゆえに」という一句でしょう。幼子一人をイエスの名において受け入れるということです。受け入れるは受け入れるでも、恵みを知らない世間基準の話ではありません。かわいさとか人の情とか教育熱心とか、一般的には良いこと、美しいことではありますが、それが主要な動機というわけではありません。それらを超える動機、また、それらの背後で的確な方向づけを導く動機の話です。言ってみれば、見かけ上かわいくなくても、情が湧かなくても、教育に熱を上げられる状況になくても、幼子一人を受け入れるように導く根本的なメッセージのことです。それはまさに、イエスがご自分の名で人々を招くところの、神の恵みの支配に生きるということです。自分は恵みで生かされているのと同じように、この幼子一人も恵みで生かされている事実を覚えて、恵み深い神を一緒に見上げる交わりを形づくっていくということです。そこに幼子一人を招き、また、歓迎するということです。

　こうしたことは、必ずしも教会の交わりの中だけに限りません。日常生活や関わる人々の中で神の恵みを中心に物事を見て、ふさわしい言動をし、恵みを分かち合っていくということです。立場や状況、場面などは様々ありますが、具体的には、幼子一人に語りかけるとき、あるいは幼子一人について語り合うとき、その子の存在や命が神の恵みなのだと一緒に感動をもって味わうこととか。または幼子と花を観て、昆虫を観察して、命の造り主を一緒に思うとか、食卓を囲んで食物を与えてくださる神に感謝することとか。幼子と一緒に生活の中で神の恵みを味わうこと、そして、恵みを中心に自分自身と周りの人々や出来事を見ていくことです。実に身近で素朴、今すぐにでも始められそうです。十字架の道と言われると、難しく考えて身構えてしまいそうですが、原点はこれです。けれども逆に、この原点が十字架の道になるほどに、世間に渦巻く恵み無視の罪深さはひどいものなのだということも思い知らされます。また、この時点の弟子たちのように、そういう世間に引っ張られて、恵みに生きる原点がぼやけてしまうお互いの弱さがあることも自覚させられます。

そうであるからこそ、イエスはここで、今一度、忍耐深く弟子たちを諭して言われるのです。「だれでも、このような子どもたちの一人を、わたしの名のゆえに受け入れる人は、わたしを受け入れるのです。また、だれでもわたしを受け入れる人は、わたしではなく、わたしを遣わされた方を受け入れるのです」（三七節）。注目したいのは、この短い一句の中でイエスが「わたし」という語を五回も使っておられる点です。このことにイエスご自身がどんなに関心を寄せておられるか、ということです。そして、このことがなされていくならば、イエスご自身がどんなに喜んでくださるか、ということです。それだけではありません。これが父なる神のお心なのだというのです。身近なことで神の恵みを覚えて、小さき者たちと一緒に分かち合っていくということ、そして、そこを疎かにしないで、できることから始めていくこと、これを神ご自身が大いに喜び、祝福してくださるのです。

「わたしについて来なさい」と言われるイエスは、身近なところから始めようではないかと言われるのです。それは取るに足りないことではありません。神の目には高価で尊く、大いに祝福すべき出来事なのです。

46　祝福を分かち合う交わり

〈マルコ九・三八～四一〉

「ヨハネがイエスに言った。『先生。あなたの名によって悪霊を追い出している人を見たので、やめさせようとしました。その人が私たちについて来なかったからです。』しかし、イエスは言われた。『やめさせてはいけません。わたしの名を唱えて力あるわざを行い、そのすぐ後に、わたしを悪く言える人はいません。わたしたちに反対しない人は、わたしたちの味方です。まことに、あなたがたに言います。あなたがたがキリストに属する者だということで、あなたがたに一杯の水を飲ませてくれる人は、決して報いを失うことがありません。』」

ケチな人のことを死海に見立てるたとえがユダヤのことわざにある、と聞いたことがあります。なるほど、死海というのは海抜マイナス四〇〇メートルという低地にある塩湖で、そこに流れ込む川はあっても、そこから流れ出す川はありません。そこに流れ込んだ水は乾燥帯の気候によりどんどん蒸発するので、塩分濃度が薄くなることはなく、そこに生命が息づくことはできません。だから、死海と呼ばれます。この様子が、もらうものはもらうけれども、出すものは舌も出さないみたいなケチな姿と似ているということです。ケチな人の周辺には、活き活きした交わりは生まれにくいものです。

それならば、私たちの周辺にはどんな交わりが生み出されているでしょうか。活き活きと喜びにあふれた交わりになっているでしょうか。お互いの存在を感謝し、お互いの賜物が生かされて、良いものが生み出される交わりとなっているでしょうか。はたまた、死海のごとく、生命的なものは寄せつけない感じの、何か冷たく殺伐とした関わりしか持てないようになってしまっているでしょうか。本来、神の恵みに生きるということは、ケチな生き方で死海的な関わりになりがちだった私たちが、神の恵みを知って生き方が変えられ、活き活きした交わりを生み出すことができる者たちとなることを意味します。なので、本当はそうなっているはずですし、成長や到達の度合いはさておき、実際にその方向にあることを自覚したく思います。けれども、同時に引きずっている何かが課題となって、場合によっては死海みたいだなと自覚させられる場面もあるかもしれません。やはり、祝福を分かち合う交わりを創出するためには、恵みに徹して生きる必要がありますね。

主イエスは恵みに徹して生きることに招いて言われます。「時が満ち、神の国が近づいた。悔い改めて福音を信じなさい」（一・一五）。神の国、つまり、神の恵みの支配がイエスご自身の働きと共に決定的に接近しているので、それに応えて生き方の方向を変えて、恵みの招きに信頼して歩み出すように、ということです。いわば、死海的な生き方から方向を変えて、恵みを喜び、その祝福を分かち合うということです。

そして、そう歩めるように、「わたしについて来なさい」（一・一七、二・一四）と語られるのです。この招きに応えて、ついて行くのが弟子の道。これに歩み始めた弟子たちではありますが、同時にその意味で初心者である彼らは、イエスについて行く本当の意味がはっきりと見えていません。どうしても世間的な野望をイエスに投影して、自分たちも権力ある地位に就くという勘違いをやらかしがちです。つい先日も、自分たちの中でだれが偉いか口論になって、イエスからたしなめられたばかりです（九・三三〜三四）。そんな彼らにイエスは、イエスに従い恵みに生きるとは、死海のごとく自分の得を追求するケチな生き方ではなくて、受けた恵みを分かち合い、小さき者をも歓迎し、互いに仕え合うしもべとしての生き方なのだと説き、そこに命をかけていく十字架の道なのだと語られます（八・三一〜三五、九・三〇〜三二、三五〜三七）。もちろん、それは自分が犠牲になって終わるという悲劇ではなく、よみがえりにあずかる勝利が約束されています（八・三一、九・一〜八、九・三一）。だから、招かれたごとく、恵みに生きて互いに仕え、その祝福を分かち合う交わりを創出することができるのだということなのです。そして、祝福を分かち合うこの交わりは、自分たちの仲間内で尽きるのではなく、さらに周りと祝福を分かち合う方向に自らを向けていきます。

縄張り根性からの解放

祝福を周りと分かち合うのに最も邪魔になるものの一つは、縄張り根性です。社会の様々な出来事を眺めてみると、人間も縄張りらしきものを持っているように思えます。自分の匂いでマーキングするなんてことはしないにせよ、テリトリーを決め込んで、その内輪ではデカい面をするのに、外部から接近する者にはやたらと吠えるかのように警戒することがあるように思います。他人との交流においては、文字どおりすべての人に平等に満遍なくなんていうのは夢物語で、実際には、テリトリーと言わないまでも気心が許せる範囲、ビジネスライクな範囲、見知らぬ人々の範囲ぐらいの認識の中で、大雑把でも交わりの濃淡は生まれるものです。ただ、それがガチガチの障壁となり、損得勘定で関係が支配されるようになると、やはり縄張り根性とでも言うべき事態でしょう。そして、それが周りと祝福を分かち合うことを邪魔してくるのです。

「ヨハネがイエスに言った。『先生。あなたの名によって悪霊を追い出している人を見たので、やめさせようとしました。その人が私たちについて来なかったからです』」（三八節）。出来事をちゃんと報告するあたりは、さすがに弟子ですね。ヨハネにしてみれば、お手柄の一つにしたい思いもあったのではないでしょうか。ついて来るか来ないかは弟子の道においては肝となるところ、そこを疎かにする輩《やから》の所業だというわけです。だから、勝手なことをさせてはいけないということだったのでしょう。勝手にイエスの名を使うなんて許せないなどというのは特許や著作権のような話ですが、それで経済的な損得が発生しているわけではありません。けれども、社会的に誤解を招くようなことがあってはならないというのは発言の動機として成立します。確かに、これまでにイエスも社会的な意味で誤解を避けるために、時折、口外を禁ずる発言をしてこられた経緯があります（五・四三、八・三〇、九・九など）。この場合も、それにヒットするに違いないと踏んだのでしょうか。それなら、きっとお手柄になるだろうということですね。これで若造の自分もポイントが上がり、弟子仲間の間で「偉く」なれると考えたかもしれません（九・三四）。

ところが、そんなヨハネの思いを見透かしたように、イエスはヨハネの期待と逆のことを言われます。「やめさせてはいけません」（三九節）。「よくやった。良い忠実なしもべだ」ぐらいのことを言ってもらえるかなという淡い野望も、完全に肩透かしを食らわされたという感じです。もちろん、お役に立ちたいという気持ちは大切でしょうが、方向が違ったということです。では、何が間違っていたのでしょう。

「やめさせようとしました」（三八節）。このように報告する以上は、何かのアクションがあったはずです。お願いベースの要請であったか、強制力を伴う命令であったか、いずれにせよ、他人の行為に割って入るアクションです。心の中で思っただけとか、陰でブツクサ言っただけとかだったなら、お手柄報告にはなりません。想像ですが、「ボアネルゲ（雷の子)」とニックネームをもらうほどのヨハネですから(三・一七)、かなり激しく言ったのではないかと思えます。そして、そのような行動に出た理由は「私たちについて来なかったから」というもの(三八節)。この言い方には、やはり自分たちこそ主流派のトップだというような傲慢な思いと、自分たちについて来ない者には真似すらさせないという意固地な様子がうかがえます。

しかしながら、イエスの弟子の道というのは、「ついて行く」といっても、それはイエスについて行くということであって、弟子たちについて行くこととは厳密には違います。また、この場合、イエスの名で悪霊を追い出している人というのは、かつて弟子たちが二人一組で実習に出たときに彼らがなしていたことを真似てということでしょうから、言ってみれば、彼らの働きの成果として見ることができるはずです(六・七〜一三)。そして、さらになく、大切なことは、イエスの意図としては、イエスと一緒に旅してまわる弟子たちの成長だけでなく、各町々村々で在宅という形でイエスの招きに応えて恵みに生きる弟子たちの拡充も目指されるべきことであったということです(三・三一〜三五、四・一〇〜一一、五・一八〜一九、六・一〇など)。だとすると、ヨハネにとって初対面の人々がイエスの名で祈っても不思議なことではありませんし、むしろ、歓迎すべきことであったとさえ言えるのです。イエスの名で何かとんでもないことをしていたのならいざ知らず(詐欺とか)、人が癒やされるようにということでなされたことですから、的を外しているわけではありません。

それなのに、「やめさせようとしました」と言って得々と報告するのは、やはりヨハネの了見の狭さと言わねばなりません。これがヨハネのスタンド・プレーだったか、他の弟子たちと相談・協力のうえだったのかは分かりませんが、これをお手柄と考えていたとするならば、ヨハネだけでなく弟子たち全員の感覚であったと言えるかもしれません。自分たちについて来なかった者は自分たちと同じ特権にあずからせてはならないという特権意識、そして自分たちはイエスと旅する側近なのだというプライド。「だれが一番偉いか」と口論していた感覚に連なります（九・三四）。それが交わりを閉鎖的にして、仲間じゃないから即刻止めさせるという横暴な縄張り根性が顔を出した出来事だったと言えるでしょう。しかし、こんな態度で祝福を分かち合う交わりを創出することなどできるのでしょうか。

それゆえに、イエスは言われるのです。「やめさせてはいけません。わたしの名を唱えて力あるわざを行い、そのすぐ後に、わたしを悪く言える人はいません。わたしたちに反対しない人は、わたしたちの味方です」（三九～四〇節）。確かに、やめさせないということは、即刻、全面支援ということとは違います。見極めが必要な場合もあるでしょう。しかし、原則、反対しない人は味方だから、喜んで受けとめよということです。知った顔ではないからといって、縄張り根性で切り捨てることがあってはならないということです。ついて来ようとしないからといって、心閉ざすようなことをせず、できる範囲で肯定的に受けとめよということです。反対しないなら味方なのだというこの一句は、たとえば、家族の中で自分だけがクリスチャンだけど、家族は自分の教会生活を黙認していてくれるという人に励ましと知恵を与えてくれるでしょう。周囲とも祝福を分かち合う交わりは、こういう態度から始まるのだということです。

それならば、このように縄張り根性から解放されて自由になるには、どうすればよいのでしょう。その鍵は「わたしの名」（三九節）、すなわち、イエスに名にあります。ヨハネはイエスの名を勘違いして縄張り根性に誤用したのですが（三八節）、イエスの名の正しい用法は、「このような子どもたちの一人を、わたしの名のゆえに受け入れる」と語られるように（三七節）、小さき者を歓迎して恵みを一緒に分かち合うということにあります。そのために自らへりくだり、仕えるしもべとなっていくということです。そして、この態度は、恵みに人々を招くためにイエスご自身が示した姿で、最終的には予告どおり、十字架の道をたどります。もちろん、十字架は無駄な犠牲には終わらず、よみがえりの勝利に至ります。イエスを主と告白してついて行く弟子の道も同じことです。恵みのゆえに自由なへりくだりに徹して歩むということです。縄張り根性から解放されて、祝福を分かち合う交わりへと進む道は、このようにして開かれるのです。

祝福のパイプとしての自覚

祝福を分かち合う交わりを形づくるには、邪魔な縄張り根性が取り除かれたら、次に、神の祝福が行き渡るためのパイプラインが整えられることが必要となります。パイプは詰まってしまったら役に立ちません。文字どおり、通り良き管である必要があります。注がれた神の祝福が周囲に及んでいくようにとパイプの役割が託された神の民は、その務めに間に合う必要があります。神の祝福をせき止めてしまうのではなく、自ら恵みに生きて、その祝福を自らのうちに通して次へ流していくパイプの役割を自覚しなければなりません。

さて、イエスはここでヨハネの誤解を正した後で、さらに言葉を続けて言われます。「まことに、あなたがたに言います。あなたがたがキリストに属する者だということで、あなたがたに一杯の水を飲ませてくれる人は、決して報いを失うことがありません」(四一節)。反対しない人の話から展開して、ほんの少しでも協力してくれる人の話に移ります。まず心に留めるべきは、「キリストに属する者だということで」という一句。協力してくれる動機の問題ですね。イケメンだからとか、金持ちそうだからとか、そんな動機ではありません。とにかく何でもいいから親切にしてくれる人の話ではありません。私たちがキリスト者であることを承知しており、キリスト者としての歩み、すなわち、恵みに生きて分かち合う歩みに対して、わずかでも助けてくれる人の話です。

確かに、キリスト者として生きるとき、こういう人々の存在はありがたいことです。感謝です。特に、キリスト者が社会的に少数派という日本のような環境においては、それを切実に思います。けれども、このイエスの発言から感じ取りたいのは、そのように助けてくれる人々への私たちの感謝以上に、まず、イエスご自身がそういう人々を喜んでおられるということです。どんな小さなことでも、たとえ「一杯の水」であっても、ご自分の弟子たちを助けてくれるというなら、イエスはこれを非常に喜んでくださり、「決して報いを失うことがありません」とまで言ってくださるのです。私たちも我が子がだれかに助けてもらったならば、助けてくれた人に感謝し、お礼を述べ、場合によっては何かでお返しをしたりします。我が子を助けてもらったということは、自分を助けてもらったに等しいわけです。それだけ我が子を愛しているからです。それと同様の心持ちを、イエスは弟子たちを助けてくれる人に抱いてくださるというのです。それだけ弟子たちを愛しているということです。そして、そのお心を表すべく、祝福をもって報いてくださるということです。別の言い方をすれば、その場面で弟子たちは、助けてくれる人に祝福が注がれるパイプとして用いられることになるわけです。

イエスは言われます。「決して報いを失うことがありません」と。確かなことだ、と言い切っておられます。いかがでしょうか。私たちは、このことをどれほど確かなこととして受け取っているでしょうか。イエスの招きに従い、恵みに生きる者たちの道でなされるみわざとして、イエスが断言してくださったことです。私たちが弟子の道を歩むなら、そういう私たちを助けてくれる人々に報いが与えられるということです。私たちが祝福のパイプとして用いられるということです。考えてみれば、そういう経験は様々にあります。筆者が奉仕している教会の施設建設を請け負ってくれた建設会社は、教会の建物の建築に携わるということで実直に忍耐強く良い仕事をお値打ちでしてくださいましたが、その会社は献堂と同時期に自社ビルも完成させ、さらに街の顔になる駅ビル建設事業も請け負うことになったということがありました。ただの手前ミソだと言ってしまえばそれまでですが、信仰の目でもって見れば祝福がそこに注がれたということです。「わたしは、あなたを祝福する者を祝福し」(創世一二・三)というアブラハムへの神の約束は生きています。だから、イエスはここでも断言なさるのです。

さらに、このように私たちが祝福のパイプとして用いられることは確かな事実ですが、事実ならそれでいいじゃないかというレベルではなく、そこを自覚することが大切だとイエスは言われます。「まことに、あなたがたに言います」(四一節)と、イエスは念を押すように言われるのです。この言い方、以前にご自分のよみがえりを示唆する発言をなさったときに、念押し、あるいは注意喚起のようにして用いられています。同じレベルで大切なことだということです。弟子たちの周りが祝福されることは、よみがえりの出来事と同じレベルで大切なことだと言われるのです。そして、それをあなたがたに分かってほしいのだ、と。別の言い方をすれば、この自覚を持ってくれないか、ということなのです。イエスに従うことで周りの好意的な人々にも祝福が及ぶ、そういう祝福のパイプとしての自覚を持つように、ということです。自覚を持ってこそ、役割は確かに果たしていけるというもの。私たちも祝福のパイプとしての自覚を持ち、イエスに従って恵みに生きて、内に通る祝福を周りに行き渡らせる役目を果たしていきたく思います。こうして祝福が行き渡っていくと、それを受け取る周りの人々は、パイプよりも祝福の源である神ご自身に心を向けるようになるのです。

このようにして、祝福を分かち合う交わりを形づくっていこうではありませんか。

47　交わりを死守する主イエスの気迫

〈マルコ九・四二～四八〉

「また、わたしを信じるこの小さい者たちの一人をつまずかせる者は、むしろ、大きな石臼を首に結び付けられて、海に投げ込まれてしまうほうがよいのです。もし、あなたの手があなたをつまずかせるなら、それを切り捨てなさい。両手がそろっていて、ゲヘナに、その消えない火の中に落ちるより、片手でいのちに入るほうがよいのです。もし、あなたの足があなたをつまずかせるなら、それを切り捨てなさい。両足がそろっていてゲヘナに投げ込まれるより、片足でいのちに入るほうがよいのです。もし、あなたの目があなたをつまずかせるなら、それをえぐり出しなさい。両目がそろっていてゲヘナに投げ込まれるより、片目で神の国に入るほうがよいのです。ゲヘナでは、彼らを食らううじ虫が尽きることがなく、火も消えることがありません。』」

主イエスは憐れみ深い方です。柔和で寛容で心優しく、愛に満ちた方です。マルコの福音書をはじめ、福音書でそのように証しされています。だから、私たちのような者も招いていただけたのだと言えます。また、私たちでもついて行かせていただけるのだと言えます。しかし、否、だからこそ、ときとして実に厳しい発言をなさいます。まさしく、ここがそれに当たる箇所でしょう。石臼を首に結びつけられて海に投げ込まれるほうがましとか、手や足を切り捨ててしまえとか、目をえぐり出してしまえとか、およそ優しい主イエスの印象にそぐわないというか、完全なイメージ破壊になりかねない発言です（四二〜四七節）。薬味程度の厳しさではなく、戦慄で背筋が凍るほどの厳しさ、そんな言葉です。しかし、愛に満ちた方が厳しいことを言うからには、それだけの理由があります。愛に満ちた方だからこそ、そこには譲れない真剣な理由があるのです。

考えてみれば、親が子を叱る場合にも同様の真剣さがあるでしょう。心の底から気をつけてほしいと願うから、大変なことになってほしくないから、厳しいことを言います。その結果が深刻であればあるほど、厳しい言い方になります。そういう深刻な結果から何が何でも守りたい、それだけあなたが大切なのだということです。死守するという言葉があります。身体を張って、命を投げ出しても守り抜くということです。それほどに大事なものだからです。主イエスの厳しい発言の背後には、こうした気迫がみなぎっています。そこが分かると、キツイことを言われて怖いとかではなくて、それほどに私たちのことを大切に思っていてくださることに感謝できるようになるでしょう。

「わたしについて来なさい」（一・一七、二・一四）とイエスは言われます。イエスの招きに応えて、神の恵みの支配に生きよということです。幸いな道への招きであり、それゆえに憐れみのトーンで語られます。けれども、招きそのものは真剣で、それゆえに熱い情熱と気迫が背後にはあって、ときとしてそれが厳しい言葉になって出てくるのです。「時が満ち、神の国が近づいた。悔い改めて福音を信じなさい」（一・一五）とは、まさしく福音、良い知らせですが、それは甘ったるい囁きではなく、凛とした厳しさが貫かれる使信です。悔い改めるということは、今までの恵み無視で自己中心な生き方の間違いを認めて憐れみを求め、恵みの支配に生きることへと方向を変えるということです。これを迫るメッセージですから、そこには厳しさが伴います。なので、これに召し出されてイエスについて行き始めた弟子たちがその本意を全く勘違いしている態度に対して、やはりイエスは厳しい態度で臨まれます。「下がれ、サタン」と言われたこともありました（八・三三）。

さらに、弟子の道は恵みの道だが、それは仕えるしもべとなる道で、そこを理解しない世間にあっては十字架の道となることが強調されるようになります。もちろん、それは無駄死にで終わることではなく、死を打ち破る勝利に通ずる道ではありますが、厳しさを通ることに変わりはありません（八・三四～三五、九・三一～三七）。そこを承知で招くのですから、そこには真剣な熱い気迫が染み出てくるというものです。

さて、この場面、ヨハネが弟子の道を勘違いしてイエスにたしなめられるという話題から発展して、さらにイエスが弟子の道について関連事項を語る際、熱い気迫から厳しい言葉が口を突いて出てきた場面と言えるでしょう。それだけ大切な事柄なのだということです。死守すべきことがあるということです。それは何でしょうか。「わたしを信じるこの小さい者たちの一人」をつまずかせないように、と語られます（四二節）。弟子の道を歩む者たちの交わりが恵みを分かち合うに真にふさわしいものであるように、ということです。恵みに生きる人々の群れとして「小さい者たちの一人」でもつまずかせない交わりとして死守したい、という気迫をもってイエスは語られるのです。

つまずきを警告する真剣な愛

反対しない人は味方と考えよ、とイエスは言われました（四〇節）。さらに、少しでも助けてくれる人は祝福される、とイエスは語られました（四一節）。そこからの展開です。反対しない人や少しでも助けてくれる人さえもここまで大切に考えるならば、当然のこと、同じ道を歩む仲間は大切に思わなければなりません。それが人間目線で大いなる者か小さき者かなんて、関係ありません。だれが一番偉いかなんて口論している場合ではありません（三四～三五節）。だから、たとえ人間目線で「小さい者たちの一人」であっても、一緒にイエスに信頼してその招きに従う仲間であるなら、どこまでも大切な存在であり、それゆえにその人をつまずかせるなんて、もってのほかというわけです。それで、そうした事柄に対しては、厳しい言葉で警告がなされるのです。

それならば、ここで言われている「つまずく・つまずかせる」とは、いったいどういうことなのでしょうか。つまずくといっても、別に石につまずくという話ではありません。けれども、イメージは似ていると言ってよいでしょう。イエスの招きに従って恵みに歩もうとするとき、何かにつまずいてしまうことです。この「つまずく」という語はギリシア語で「スカンダリゾー」という動詞ですが、音から推測できるように、英語の scandalize の語源です。スキャンダルというと芸能人や政治家の問題行動を連想しがちですが、意味としては罠にかかるということで、この場合、恵みに生きることを妨げる罠にかかってしまうことです。それこそ、ここでの弟子たちではありませんが、だれが一番偉いかで口論するとか、縄張り根性でだれかを締め出すとか、貢献度や熱心さなど、一見大切な事柄が逆に仇となり、恵みの分かち合いを妨げる罠に転じてしまうというパターンは、その一つの典型と言えるでしょう。口論を仕掛け、煽るのがつまずかせる側で、口論によって傷ついたり心閉ざしたりするのがつまずく側ということでしょう。あるいは、締め出すほうがつまずかせる側で、締め出されて孤立したり、いじけたりするのがつまずく側ということでしょう。さて、そこでもう一度お尋ねします。あなたはつまずいたことはありますか、あるいは、つまずかせたことはありますか。きっと、経験としては両方ありそうです。

しかし、そうだとすると、これは大変なことになりそうです。イエスはここで、つまずかせる者は、石臼を首に結びつけられて海に投げ込まれたほうがよいとか、手足を切り捨てよとか、目をえぐり出せとか言われます。普通の厳しさを超えています。私たちなど、全く立つ瀬がないという感じです。文字どおりに考えたら、どうしたらよいか見当もつかなくなります。はたして私たちはこれをどう受けとめたらよいのでしょうか。

こういう箇所を読むと、どうしても強烈すぎる表現に心がとらわれますが、それ以上に目を向けるべきことがあります。ここでイエスが何を真剣に訴えているのか、ということです。「また、わたしを信じるこの小さい者たちの一人をつまずかせる者は、むしろ、大きな石臼を首に結びつけられて、海に投げ込まれてしまうほうがよいのです」（四二節）。この言葉、つまずかせる者は厳しく裁かれるということに力点を置いて読むと、怖い感じがします。けれども、小さい者たちの一人をつまずきから守るために一生懸命な言葉として読むと、いかがでしょうか。小さい者たちにとっては、紛れもなく福音です。ここでイエスが強調したいのは、海の底に沈めてやるということではなく、そこまで厳しい言葉を連ねてでも、小さい者たちをつまずきから守りたい、小さい者たちを受け入れる交わりの性格を死守したいということなのです。それでこそ、恵みに生きる弟子たちの交わりとしてふさわしい姿だからです。

そこで大切なことは、小さい者たちといっても疎かにしない、些細なことといっても軽く見ない、つまずきが起きないように真剣に配慮するということです。否、むしろ、つまずくということは、どちらかといえば、ちょっとしたことへの配慮の有無で起きてしまうものものです。道を歩いていて大きな岩につまずくことはありませんが（あったら、器用）、小石につまずいてしまうことは起こり得ます。世間では大したことなしと見過ごしにされることがだれかのつまずきにならないか、配慮することが大切です。世間では見向きもされない小さな者たちであっても見過ごしにされることなく、つまずきから守られなければなりません。

このことは、つまずく側が自分であっても他人であっても同じです。また、つまずかせる側が自分であっても他人であっても同じです。さらに、実に興味深いのですが、イエスはここで「あなたの手があなたをつまずかせるなら」（四三節）、「あなたの足があなたをつまずかせるなら」（四四節）、「あなたの目があなたをつまずかせるなら」（四五節）と、何やら自分で自分をつまずかせる場合にも言及しているのです。自分でこけてりゃ、世話ないわという感じもしますが、考えてみると、こういうことも結構あるかもしれません。誘惑に負ける、悪習慣が抜けない、世間の評価ばかりが気になる、思い煩いの虜になりがち、尊大な態度に出がち、などなど。

いずれにしても、自分だけのことだからと些細なことですませてはならない事柄だということです。なぜなら、私たちは互いに影響し合っているので、自分のつまずきはだれかのつまずきとなり、だれかのつまずきは自分のつまずきになるからです。ということは、つまずかせてはならないと言われる「わたしを信じるこの小さい者の一人」（四二節）に自分自身も入っているということです。イエスにとって、あなたもわたしも大切にされるべき「小さい者たちの一人」なのだということです。

このように考えてくると、イエスは、とにかくだれであってもつまずきから守られるようにと考えてくださる方だと分かります。その真剣さたるや、ここまで厳しい言葉が出てくるほどだということです。特定のだれかれということではなく、だれであってもつまずきから本当に守られるように、ということです。なぜでしょう。ここでイエスが最も大切に思っておられるのは、恵みに生きる人々の交わりです。だれであっても、つまずきが起きるなら、その交わりに亀裂が入ります。恵みに生きるようにとの招きに応え始めた人々の交わりの中に、そんなことがあってはなりません。恵みを分かち合う本質的な姿からかけ離れてしまっていることになるからです。イエスの目的と真逆です。弟子たちの交わりは、そういった亀裂から守られなければなりません。その中のだれであっても、つまずきから守られなければならないのです。

これに照らすと、私たちは交わり自体という視点で物事をとらえていたのか、あらためて問われます。自分サイドだけで物事を見て、自分がつまずいたとか、だれかにつまずかされたとか、そういう関心だけで、交わり自体が視野にないということだと、イエスの視点ではないということになります。そんなことでは弟子としてはどうよ、という話です。しかし、そうではなくて、交わり自体に関心を傾けて、それが恵みの分かち合いにふさわしい形で保たれること、これをイエスは大切にしておられたのです。しかも、厳しい言葉で臨むほどに、このことは死守すべき事柄であったのです。

しかし、それにしても、言い方がきつすぎるという感じがしないでもありません。発言にゲヘナまで登場します（四三〜四七節）。ゲヘナとはベン・ヒノムの谷という地名にちなむ、いわゆる地獄を意味する言葉ですが、かつてこの谷において幼児を生贄《いけにえ》とするという残酷なことが行われていたことに由来します（Ⅱ列王二三・一〇、Ⅱ歴代二八・三、三三・六）。神の恵みを拒む人々が最終的に引き渡される裁きを指します。私たちが心しなければならないのは、確かに神は恵みの神だけれども、恵みの招きへの応答をするのは私たちであり、最終的に応答拒否とした場合、招かれた恵みの世界の扉は閉ざされて、恵みとは真逆の事態に完全に陥ることになるということです。招かれたのに拒む人を無理やり引き込むなんてことを、神はなさいません。最終的に応答拒否ならば、残念だけれども拒否の結果を引き受けるということです。それは、恵みと逆ということですから、永遠に存在自体がかき消され続けていくという、存在者としてはこれ以上ない屈辱と苦痛を受け続けるということです。「消えない火の中に落ちる」（四三、四八節）という言い方で言われているのは、そういうことです。

けれども、イエスの発言の意図としては、脅して恐怖で支配するみたいなことではなく、絶対にこうなってほしくないという強い願いから、ここまで厳しく言われるのです。むしろ、恵みの招きに応えて分かち合う交わりを形づくり、つまずきから守られて歩んでほしいという強い願いから、このように言われるのです。警告の言葉の中に大きな愛が透けて見えます。

些細に見えることを軽く扱わないで、小さな者たちを見過ごしにしないで、みんながつまずきから守られるように、恵みに生きる交わり自体を大切にするというのがイエスの心です。そして、それに応えるのが弟子の道です。そのためには、つまずきの諸要因を整理して、それらに反応しやすい心を制御すること。それを断行することを指して、手足を切断するとか目をえぐるとか言われるのです。手の届くところ、足の向かうところ、目の及ぶ範囲を整理することです。厳しい表現は、つまずきにより交わりが壊れることのないようにとの強調で、それだけ交わりが大切なのだということです。イエスは弟子たちの交わりを、すなわち、私たちの交わりをここまで深く愛しておられることを自覚したいものです。

悔い改めへの迫りとしての十字架

恵みを分かち合う交わりをとにかく守りたいとのイエスの気迫は、文字どおり死守という言葉がふさわしい真剣さを持っています。しかも、それは死んでも守りたいという思いだけの話ではなく、命をかけて本当に死んでも守るということを実行してくださることに示されます。すなわち、十字架の出来事です。つまずきにより交わりに亀裂が入ってしまったところが修復されるためには悔い改めが必要であり、イエスの十字架は悔い改めを私たちに迫ります。悔い改めを引き出して交わりを死守するために、イエスは十字架で命を捨てたのだと言えるでしょう。

この箇所には、十字架という言葉は出てきません。だからといって、十字架に関係がないのではありません。ここには「小さい者たちの一人」という言葉が出てきます（四二節）。そして、これと類似の表現が直前のエピソードにも出てきます。「このような子どもたちの一人」（三七節）と。小さい者を受け入れるという話の中です。今回のところでは、小さい者をつまずかせるな、という文脈です。いずれも、小さい者を大切にというイエスの強い思いを示します。そして、「このような子どもたちの一人」とイエスが述べたのはどのような話の流れであったかというと、恵みを理解しない世間の感覚では「だれが一番偉いか」（三四節）が関心の的になってしまうが、恵みに生きることはその逆で、小さい者に目を留めて、恵みを共に分かち合うしもべとなるということで、これが世間の感覚だと無駄に犠牲を払うことにしか見えず、そこに摩擦が起きて十字架の道となるという文脈でした。イエスご自身が十字架の道を歩むと語っている端から弟子たちがそれに無理解な口論を繰り返すので、イエスがそれをたしなめたうえで、あらためて弟子の道を説くという流れの中です（三〇～三七節）。それゆえ、同じく小さい者を大切にということを語るこの箇所も、十字架の道について述べていると理解することができます。

ところが、このことについて厳しい言い方を使ってまで真剣に語るイエスをよそに、弟子たちをはじめ人々は、その深刻さが響かない様子をこの先も呈していきます。つまずきが起きて交わりに亀裂が入ることの深刻さを悟ることができません。とりわけ世間では、異邦人、取税人、貧しい人、病気の人などが周縁に追いやられて、まさしく小さい者たちが受け入れられていない様相であり、その影響下で弟子たちさえも恵みに生きる交わりが分かっていない様子です。なので、イエスはこれを彼らにはっきりと分からせて、生き方の方向を変えることができるように、まさしく命がけで招く道を予告どおりに歩むことになるのです。世間の人々がこの招きをどんなに拒んでも、拒む人々のただ中に身を置いて、逃げることなく招き続けていくのです。その結果が十字架です。拒んで命さえ奪おうという人々をも、最後まで命捨てても招くという姿勢の結果です。それによって、小さい者のつまずきを引き起こしておいて正当化することが、いかに残酷なことであるかが暴かれます。同時にイエスは、その残酷な結果を身に引き受けて、自らの命を犠牲にして献げても、人々を恵みに生きる交わりへと招きます。つまずきを修復して小さい者たちを歓迎する交わりへ、恵みに治められる交わりへと生き方の方向を変えるように真剣に招いているのです。つまり、悔い改めへの迫りです。

言葉だけの話ではなく、実際のこととしてイエスが十字架の道を歩むのは、恵みへの招きがそれだけ真剣であるからです。人々をこのまま放っておいたら大変なことになると分かるからです。ここでゲヘナまで引き合いに出していますが、放っておいたらそっちに向かって突き進んでしまう、それが分かるからです。そうなってほしくない、何とか方向を変えることができるように、ということで自ら身体を張り、命を献げなさったのです。なぜでしょうか。愛しておられるからです。それほどに大切に思っておられるからです。

私たちは、恵みに生きる交わり自体をここまで大切に思っているでしょうか。お互いにつまずきから守られるように、配慮を重ねているでしょうか。交わりの亀裂を修復するために、迫られた悔い改めに素直に生きようとしているでしょうか。恵みを分かち合う教会の交わりにはイエスの命がかかっていることを、どこまで自覚しているでしょうか。小さい者が一人でも歓迎されるように、また、つまずきから守られるようにとのイエスの心をどれだけ理解しているでしょうか。そう考えると、私たちはなおも、恵みを分かち合う交わりを大切にするイエスの愛、何としてもそれを死守するとのイエスの気迫に満ちた愛に触れていただく必要があるのではないでしょうか。

48 「塩」の効いた交わり

〈マルコ九・四九〜五〇〉

「『人はみな、火によって塩気をつけられます。塩は良いものです。しかし、塩に塩気がなくなったら、あなたがたは何によってそれに味をつけるでしょうか。あなたがたは自分自身のうちに塩気を保ち、互いに平和に過ごしなさい。』」

私たちの交わりには様々な「味」があるようです。確かに、人間関係の様子について味覚を表す言葉で表現することがあります。たとえば、新婚さんだったら甘い関係、一年後ぐらいには辛口のコメントが聞かれるようになり、それで苦みが出てきたらよろしくないのですが、むしろ、そこから旨味が出せるかどうか、というわけで様々な味があります。そして、それは周りにも影響を与えます。自分たちも周りの人々も美味しい思いができるかどうか、ということです。せっかく互いに関わりをもって生きるわけですから、いい味を出したいと思います。お互いに美味しい思いができたら幸いです。

そこで、主イエスの言葉、「あなたがたは自分自身のうちに塩気を保ち、互いに平和に過ごしなさい」（五〇節）に注目です。互いに平和に過ごす、良い関係を保つのに決め手となる味は何かといえば、「塩」だと言われます。塩ラーメン、塩せんべい、魚の塩焼き……。塩味といえば、あっさりシンプルということで、そのイメージを人に転用して、塩顔とか塩対応などという表現もあったりします。ならば、塩の効いた交わりとは、何かそういうことなのでしょうか。それとも、一塩で甘みを引き出すとか、味を引き締めるというような玄人好みの意味で、素材が生かされる交わりということでしょうか。塩から様々に連想するのも悪くありませんが、そこで話を広げすぎるとイエスの言われることとは別の話になってしまいます（それこそ、そこは「塩分控えめ」がよろしい）。むしろ、ここで言う「塩」の意味をとらえるには、イエスが語っておられる現場での意味、状況や思想の背景から言えること、そして、何よりもイエスの語るメッセージの核心を総合してとらえる必要があります。

「互いに平和に過ごしなさい」とイエスは言われます。なるほど、これができれば幸いです。ここに招かれているということは、私たちにとって良い知らせです。福音と言ってよいでしょう。マルコの福音書は、イエスの招く福音のメッセージを要約して、次のように記録しています。「時が満ち、神の国が近づいた。悔い改めて福音を信じなさい」（一・一五）。イエスの活動とともに旧約聖書に約束された神の恵みの支配が訪れている、だから、恵みを無視する今までの生き方から方向を変えて、恵みの招きに信頼して歩み出すようにということです。恵みに生きるようになるとは、すなわち、神の恵みで生かされていることに心を向けて、感謝と安心を得て、恵みとして与えられているものを人々と分かち合って歩むということで、「互いに平和に過ごしなさい」に通じることです。イエスは人の世にそれをもたらすべく、私たちをお招きになるのです。「わたしについて来なさい」（一・一七、二・一四）。そして、招きについて行く人々がイエスの弟子ということです。ところが、福音書の舞台では、イエスについて行く弟子たちの動機は純粋とは言いがたく、恵みに生きて分かち合うというよりも、世間の雰囲気そのままにメシアの側近、すなわち、出世という大きな勘違いがあり、イエスは機会あるごとにその勘違いを忍耐強く正していかれます。イエスの道は権力者の道ではなく、恵みを分かち合い仕え合うしもべの道で、その幸いを理解しない世にあってそれに徹することは十字架の道となるのだと教えられます。権力者の道なら権力をめぐって互いに争うことになりますが、その逆に徹することで「互いに平和に過ごしなさい」との言葉が現実味を帯びてきます。交わりを塩で味つけるとは、ここに深く関連するのです。「あなたがたは自分自身のうちに塩気を保ち、互いに平和に過ごしなさい」（五〇節）。

腐ることのない感謝のささげ物

交わりに良い味をつける「塩」とは何でしょうか。まず一つ言えることは、感謝ということです。しかも、お互いへの感謝の前に、神に対してささげる感謝のことです。意外に思われるかもしれませんが、「互いに平和に過ごしなさい」とイエスが言われる平和とは、旧約聖書ではヘブル語で「シャローム」、その意味は単なる人間関係を超えています。それは、神の恵みへの応答において経験される人生の豊かさそのものを意味します。そして、神の恵みへの応答の基本とは感謝をささげることで、それは状況いかんにかかわらず変わりなくささげられるべきものです。自分にとって都合が悪いと腐ってしまうような感謝では困ります。すべてのことについて神への感謝が絶えない様子。交わりの中にそういう姿勢が保たれるとき、互いに平和に過ごすことができるということです。

「人はみな、火によって塩気をつけられます。塩は良いものです。しかし、塩に塩気がなくなったら、あなたがたは何によってそれに味をつけるでしょうか」(四九〜五〇節)。イエスの言葉をここだけ切り取ったら、何のことを言っているのやら、訳《わけ》が分からない感じがしますが、続けて「あなたがたは自分自身のうちに塩気を保ち、互いに平和に過ごしなさい」(五〇節)と言われるので、どうも交わりのことを述べているらしいことは見当がつきます。

なるほど、もう少し前から読み直してみると、イエスが弟子たちの交わりの姿について訓育を施している文脈であることが分かります。小さい者を受け入れること(三七節)、反対しない人は味方であること(四〇節)、少しでも助けてくれる人には報いがあること(四一節)、小さい者をつまずかせてはならないこと(四二節)。これらはすべて、交わりという課題に関することです。なので、続く塩気についてのくだりは、同じ文脈で言われていることと理解できるわけです。

そこで、塩とは何を意味するのかということですが、火とセットになって出てくるところが気になります。「人はみな、火によって塩気をつけられます」（四九節）。火と塩がセットで出てくるところでピンとくる人は聖書の読者でも相当な方ですが、神殿の祭壇が身近な社会ではそれなりに見当がつく発言と言えるでしょう。つまり、旧約聖書の礼拝形式と関係があるということです。「穀物のささげ物はみな、塩で味をつけなさい。穀物のささげ物に、あなたの神の契約の塩を欠かしてはならない。あなたのどのささげ物も、塩をかけて献げなければならない」（レビ二・一三）。穀物のささげ物には塩を添えて、祭壇の火で焼いて献げたということですが、この穀物のささげ物の意味するところがまさに感謝、与えられた恵みに対して表す感謝であったわけです。

その昔、エジプトで奴隷であったイスラエルの民を憐れみ深い神は救出して、約束の地へと荒野の旅路を導いていかれました。奴隷の立場であったときも、荒野を旅するときも、土地を耕して穀物を収穫するなんてことは無理だったのですが、いよいよ約束の地に入ることができれば、それが可能となります。そのときに大切なのは、土地を耕して収穫した穀物は主なる神がくださった恵みの賜物なのだという認識、そして感謝の心です。自分で働いて収穫したものだから自分のものだと考えるなら、それは神の恵みを理解しているとは言えません。そういう思い・態度から恵みを無視する生活が発生し、わがままと傲慢と欲張りが社会を覆い、さらにエジプトのような残酷な社会システムにまで至ってしまいかねません。そもそも、私たちはそういうところから救出されたわけで、それ自体が恵みなわけですから、否、今日も命が与えられているところからして恵みなわけですから、耕すことも恵み、刈り取ることも恵みです。なので、神からの恵みとしていただいたことに対する感謝を神に表し、収穫の中から穀物のささげ物を献げることが大切なこととして強調されるわけです。約束の地で土地を得て、そこで収穫できたなら、そのようにして神の恵みを覚えて、礼拝して生きるようにということです。

そして、この穀物のささげ物に塩を添えるようにとの指示があるので、火と塩がセットで出てくるのです。塩は調味料であると同時に防腐剤です。食物の保存のために用いられます。それゆえ、穀物のささげ物に添えられることで、神にささげられる感謝が生活の中に保たれるようにという願いと意思を示す祈りの表現になるわけです。食物をはじめ生きるのに必要なすべてのものは神の恵みで与えられ、自分たちは生かされているのだという感謝、それが腐敗してしまうこと（不平不満に侵食されてしまうこと）のないようにとの祈りです。そのように恵みへの感謝が保たれるならば、各々に与えられた恵みを喜んで周りと分かち合い、助け合う交わりが生まれてきます。神がいつも恵みをもって養ってくださるから、自分のことだけを案じて欲張りになる必要がなく、周りへの配慮が打算ではなく恵みの分かち合いとしてなされていくのです（申命一六・九～一二）。

こうした旧約聖書の礼拝形式を背景に、「あなたがたは自分自身のうちに塩気を保ち、互いに平和に過ごしなさい」(二〇節) とイエスは語られるのです。恵み深い神への感謝が腐敗することなく生活の中で保たれて、恵みの分かち合いがなされ、恵みに基づく交わりが形づくられていくように、ということです。弟子たちの交わりは、そのような恵みに基づくシャロームの交わりでなければなりません。そのために、私たちも恵みの神への感謝をしっかりと保ち続けようではありませんか。

純度の高い献身に生きる

交わりに良い味をつける「塩」とは何でしょうか。もう一つ言えることは、献身ということです。すでに、「塩」の意味として感謝をささげるということを述べましたが、言ってみれば、そこに身を献げるということです。恵み深い神に感謝し、その招きに献身をもって応えて、恵みの分かち合いに生きるということです。そこに純粋に身を献げる姿勢を持つならば、形づくられる交わりは良い味を出すようになるでしょう。

「塩は良いものです。しかし、塩に塩気がなくなったら、あなたがたは何によってそれに味をつけるでしょうか。あなたがたは自分自身のうちに塩気を保ち、互いに平和に過ごしなさい」(五〇節)。塩気をなくした塩という表現で、イエスは何を問いかけているでしょうか。そこで思い起こしたいのは、八章以来、イエスの発言の前面に登場してくる十字架の道というテーマです。

イエスは神の恵みに生かされる幸いへと人々を招きますが、世間の多くの人々は興味を持っても、招かれたとおりにはイエスについて行くことができません。自分に都合の良いことをイエスに期待することはしますが、恵みを分かち合うことにおいてへりくだるとか、犠牲を払うとかができないで、むしろ、恨めしい異邦人支配を排除する線引きとか、そのためのメシア待望で求められる諸条件を満たせぬ人々への抑圧とかに熱心になっていきます。そして、そういう自分たちの生き方を正当化して、イエスによる悔い改めの迫りに反発する有様です。

けれども、イエスはなおも招き続けます。摩擦が起きます。その先は受難です。十字架の道となります。弟子たちは弟子たちで何とかイエスについて行こうとはしますが、イエスの道の本質が今一つ分かっておらず、むしろ、世間的な感覚を引きずって出世街道を夢見がち、それで互いに口論したり、周りの人々に了見の狭い対応をしたりという様子。なので、イエスはその勘違いを正し、イエスに従う弟子の道は、イエスの道と同じく世間にあっては十字架の道となるのだと説き、なおもついて来るように促します。その話の流れで、塩気の話が出てくるわけです。イエスに従い十字架の道を歩むなかで、人々と関わって形づくられる交わりは、「塩気を保ち、互いに平和に過ごしなさい」と言われるもの。つまり、神の恵みに感謝をささげ、感謝を保ちつつ互いに分かち合うことで形づくられる交わりなのだということです。そして、それは十字架の道と言われるごとく、そこに徹して人生をかける、命をかける姿勢が求められるということなのです。

ここまで来ると、塩気をなくした塩という表現でイエスが問いかけようとしている内容が見えてきます。塩気を保てとは、生活の中で感謝をささげる姿勢を保てということ。なので、塩気をなくすとはその逆で、感謝をささげる姿勢が希薄になり、結果、恵みを分かち合うことが疎かになり、互いに平和に過ごせなくなることを意味します。

それにしても、「塩に塩気がなくなったら」という言い方が何ともユーモラスで興味を惹きますね。塩に塩気がなくなったら、塩じゃないじゃんと、漫才ならツッコミが入りそうなところです。まさしく、そういう皮肉なことになるのだと、イエスは言いたいわけです。実際、当時ユダヤの日常生活の中で、塩気をなくした塩というのは実に身近なよくあることで、物事の本質を失ってしまう様子を示すには分かりやすいたとえでした。ユダヤでは、塩は塩湖である死海で自然に生成されるものを使うというのが日常の光景です。湖岸には塩分が付着した石がゴロゴロしています。それを取って来て、家庭などでは塩分の部分を削って使うというわけです。ところが、塩分の部分を削り切ってしまうと、その石にはもう用はありません。それはゴミとして外に捨てられます。そのゴミになってしまった石を、塩気をなくした塩と呼ぶということなのです。塩であったのに、塩気をなくすと捨てられます。それゆえ、最初に拾う時に大切なのは、塩の成分ができるだけ多く付着している石を拾うこと。つまり、かたまり全体から見て、塩の純度が高いことです。大切なのは大きさではなくて、純度です。

「あなたがたは自分自身のうちに塩気を保ち、互いに平和に過ごしなさい」(五〇節)とイエスが言われるとき、恵みを分かち合う弟子たちの交わりを形づくるのに大切なことは、恵みの神に感謝をささげる姿勢であり、それが純度高く保たれているかどうかがポイントとなるということなのです。そう考えると、この時点での弟子たちは、見かけ上は何とかイエスについて行ってはいるものの、だれが一番偉いかなどと口論しているあたり、恵みの神への感謝という点で純度が高いとは言えず、否、かなり塩が抜けてしまっている感じです(三四節)。すると、「互いに平和に過ごしなさい」と言われても、そこからは相当に離れてしまっていることになるのです。

それゆえに、求められているのは塩気をしっかりと保つこと、すなわち、恵みの神への感謝の姿勢を生活の中で純度高く保つこと、そうした歩みに徹することと・身を献げることなのです。それが、恵みを分かち合う弟子たちの交わりを建て上げていきます。このように、恵みの分かち合いに献身的に命をかけて惜しまない歩みこそ十字架の道、すなわち、イエスに従うということなのです。

イエスは弟子たちに「自分自身のうちに」塩気を保つように勧めます。他人がどうこうという話ではありません。とかく、私たちは他人の〝動向〟が気になりますが、それで左右されるということでなく、自分自身の中に恵みの神への感謝・恵みの分かち合いへの純度の高い献身の姿勢があるかどうか、そこが大事だということです。他人が偉く見えるとか見えないとか（三四節）、見知らぬ他人に真似されて気に食わないとか（三八節）、そんなことはどうでもよいことです。自分自身が恵みに感謝して分かち合う交わりに献身的であれば、純度高く保たれた塩として効き目を発揮するのです。塩のごとくに周りに溶け込み、良い感化を与え、「互いに平和に過ごしなさい」とのイエスの勧めに生きることができるのです。

私たちもイエスに従い、「自分自身のうちに塩気を保ち」、いい味のある交わりを形づくってまいりたく思います。

49　結婚と十字架

〈マルコ一〇・一～一二〉

「イエスは立ち上がり、そこからユダヤ地方とヨルダンの川向こうに行かれた。群衆がまたイエスのもとに集まって来たので、再びいつものように彼らを教え始められた。すると、パリサイ人たちがやって来て、イエスを試みるために、夫が妻を離縁することは律法にかなっているかどうかと質問した。イエスは答えられた。『モーセはあなたがたに何と命じていますか。』彼らは言った。『モーセは、離縁状を書いて妻を離縁することを許しました。』イエスは言われた。『モーセは、あなたがたの心が頑ななので、この戒めをあなたがたに書いたのです。しかし、創造のはじめから、神は彼らを男と女に造られました。「それゆえ、男は父と母を離れ、その妻と結ばれ、ふたりは一体となる」のです。ですから、彼らはもはやふたりではなく、一体なのです。こういうわけで、神が結び合わせたものを、人が引き離してはなりません。』家に入ると、弟子たちは再びこの問題についてイエスに尋ねた。イエスは彼らに言われた。『だれでも、自分の妻を離縁し、別の女を妻にする者は、妻に対して姦淫を犯すのです。妻も、夫を離縁して別の男に嫁ぐなら、姦淫を犯すのです。』」

「結婚と十字架」なんて小説か何かのタイトルのようですが、この二つ、何か関係があるのでしょうか。ある方々にとっては、結婚式＝教会のイメージで、教会堂には十字架が掲げられているのが普通なので、その絡みで考えられる事柄かもしれません。けれども、結婚式の華やかさや幸せ感を、十字架の歴史的な意味と並べるなら、水と油、月とスッポン、混ぜようにも混ざらないものと言わなければならないでしょう。

十字架とは従来、死刑の方法、しかも、それは見せしめ目的ですから、残酷極まりない方法で、実際に行われていた紀元一世紀前後の地中海沿岸地域（ローマ帝国の領土など）の人々にとっては、口にするのもおぞましいものでした。また、イエスの時代のユダヤ社会では反ローマ帝国支配の機運がくすぶっており、その旗を掲げていこうとすれば行く末は十字架になるということで、その意味で決死の覚悟を示すべく十字架という表現が使われたりもしていました。もしかしたら、ある方々にとってはそんなイメージで、結婚生活がやたらと重たくなってしまっているというケースもあるかもしれません。確かに、人生いろいろ、バラ色で始まったはずの結婚生活が、そうもいかぬ現実に直面して、覚悟を決めて必死で重荷を背負うという局面もあるでしょう。

しかし、ここで述べる「結婚と十字架」とは、そういうことではありません。むしろ、人生いろいろでありながら、結婚が神の定めた本来の意味で豊かな祝福に溢れた強固な結びとなるためには、主イエスが命がけで招いた恵みの道に歩むべきだということです。それによって、結婚生活が様々な危機に直面しても破綻しない、むしろ、さらに絆が固くなり、豊かな交わりの幸いが与えられるのです。

それならば、主イエスが命がけで招いた恵みの道とは、いかなるものでしょうか。イエスは、その活動の最初から「神の国が近づいた」（一・一五）と、ご自身とともに神の恵みの支配が訪れていることを告げて、「わたしについて来なさい」（一・一七、二・一四）と招きます。生活の中に神の恵みが注がれている事実に心開けば、感謝と安心、分かち合いによる平和が人生と社会を治めるようになる、この幸いに歩むためにイエスについて行く弟子となるように、ということです。そして、神の恵みは全生活に及ぶゆえに、もちろん、結婚生活も然《しか》りということになります。

ところが、神から離れた人間は恵みを無視して、傲慢と自己中心に生きるようになり、罪の支配に巻き込まれてしまっています。そこでイエスは、「悔い改めて、福音を信じなさい」（一・一五）と、罪の支配から方向を変えて（悔い改め）、なおも恵みの道へと招く言葉に信頼して歩むように人々に迫られます。見捨てることなく招いてくださるのは、愛ですね。しかし、そこを認めたくない罪深さによって、人々はイエスのせっかくの招きを拒むようになります。そして、拒まれてもなお招くイエスの道は、おのずと受難の道になります。しかしイエスは、ご自分の命を捨てても恵みの道に人々を招くと決意を語り（八・三一、九・三一）、恵みの道を学び始めた弟子たちにも「自分の十字架を負って」（八・三四）ついて来るようにと招かれます。恵みの道ですから、本来は幸いな道ですが、罪深さからの抵抗と拒絶により十字架の道となるわけです。これを結婚生活ということでいうなら、本来は恵みの分かち合いとして幸いな結婚生活が、罪深さの抵抗に遭ってもなお、それに屈することなく存在をかけて歩み行く十字架の道となるということです。もちろん、話はそこで終わるのではなく、イエスがすでに復活を語るように（八・三一、九・三一）、恵みの道は勝利に至るので、そこを進み行くことができるのです。

結婚の〝ボーダーライン〟と自己中心

「すると、パリサイ人たちがやって来て、イエスを試みるために、夫が妻を離縁することは律法にかなっているかどうかと質問した」（一〇・二）。結婚・離婚に関する質問です。人生の大切な課題であり、人々の関心を引く問題であることは、昔も今も変わりがありません。しかし、マルコの福音書がこのエピソードをここに記録しているのは、そうした関心もさることながら、イエスの招く恵みの道において結婚とは何であるか、特に、イエスに従う弟子の道が十字架の道になると語り始めたこの段階で明確になる結婚生活の重要ポイントは何であるか、そこを記したいということです。もちろん、こうした問答がこの時期になされたという事実は言うまでもありません。

ちなみに、マルコの福音書の構成からいえば、イエスが十字架の道を語り始めるのが福音書後半の合図で（八・二七〜三七）、その流れでイエスは弟子たちに具体的な社会生活でそれが何を意味するのかを語ります。しもべとしてのリーダーシップ（九・三五）、小さい者を受け入れるべきこと（九・三六〜三七、四二〜四八）、反対しない者は味方であること（九・四〇）、互いに平和に過ごすべきこと（九・五〇）。それならば、結婚生活はどうなるか、という展開です。

そこで、結婚・離婚に関するこの質問ですが、尋ねているのはパリサイ人たちです。彼らのことですから、例によって純粋に教えを乞うというへりくだりはなく、「イエスを試みるため」、つまり、言葉尻をとらえて揚げ足を取ろうという魂胆です。離婚が律法において許可されるかどうかという、いわば結婚のボーダーライン（境目）に関する議論を仕掛けて、イエスの律法理解を試してやろうというわけです。

確かに、こうしたボーダーラインに関する議論は大切ですが、微妙であり、それゆえに難しく、だからこそ議論百出のセンセーショナルな課題が持ち上がりがちです。離婚以外にも、たとえば、人工妊娠中絶は許可されるのか、戦争は許可されるのか、死刑は許可されるのか……。もちろん、ここでイエスに突きつけられたのは離婚に関する問いですので、それ以外のことにまで話を広げることはしませんが、ただ、これらの議論に共通して言えることは、

「許可」という観点から線引きに固執する姿勢を持ちがちだということです。どこまでが許可されるラインであるか、自分はスレスレであっても許可される合格圏にいたい、なので、あらゆる手を尽くして自分を正当化する材料を得ようとする、自分の立場をヤバくする意見や材料に対しては徹底的に攻撃を加える……という議論になりがちです。しかも、大抵の場合、議論の皮切りは一般論としてどうなのかという問いかけになります。本当は個人的な悩みや痛みがあっても、そこを隠して自己防衛と自己正当化に走るというわけです。一般的に許可されるという隠れ蓑を得られれば、それでよしとする感覚です。

しかしながら、聖書の読者として覚えておきたいのは、こうしたボーダーラインの議論をいきなり持ち出すのは、創世記三章で記されている誘惑の構造と同じだということです。エデンの園で神が人に与えた食物について、恵みに目を向けさせまいと、あえてボーダーラインを問う問いかけ。しかも、いきなり許可の問題として意識させる設定。「園の木のどれからも食べてはならないと、神は本当に言われたのですか」（創世三・一）。これに虚を突かれて問題設定を問い返すこともせず、問われるがままに誘導尋問に乗ってしまうと、神の恵みを見失ってしまいます。誘惑者が狙っているのは、そこです。そう考えると、この場面、律法解釈の権威を自負するパリサイ人が誘惑者・サタンと同じ論法を取っているという、大変に皮肉な話ということになります。

ボーダーラインの議論は大切ですが、それがあたかも前提の問いのごとくに扱われてはなりません。いきなり第一テーゼのように持ち出されてくると、間違いが起こります。まず、神の恵みの事実が確認されて、そこに生きる姿勢が明確であることが必須です。そのうえで、当該の課題について、恵みに生きるとはどういうことかが吟味されて、ようやくボーダーラインの課題について建徳的に推察ができるというわけです。この段に来ると、ボーダーラインの問いかけのからくりが見えてきます。問題設定を逆に問い返して、背景にある世界観をあぶり出し、文脈や言葉の定義を正すことができるようになります。「恋愛は罪ですか」という中高生の問いには、「恋愛」という言葉で本人が何を意味しているのかが問い直されなければなりません。そして多くの場合、自らの恋愛のイメージの中に、本来は責任ある結婚においてこそ幸いとされる性交まで含めている可能性が高いでしょう。それを当然とする世界観が背景にあり、そこがあぶり出されて正されなければならない、ということになるわけです。

この場面でも、律法の観点から離婚許可の是非について問われているイエスですが、質問者パリサイ人に応答するにあたり、同様の論法で問われた問いを問い直し、背景をあぶり出す作業をしています。「モーセはあなたがたに何と命じていますか」（三節）と。この問い直しは、問われた問いが許可の問いであったのに対して、それは本当に許可が問題なのかを問い返して、背景にある世界観をあぶり出そうとしていると言ってよいでしょう。「何と命じていますか」という問いは、「何が許可されていますか」という問いとは違います。許可の話の前に、重要事項として命じられていることは何か、そこが明確でないと話にならないということです。なぜなら、人間は愚かで罪深く、いきなり許可の問題を論じ始めると、すぐに自分に都合よくハードルを下げ始め、大切なことまでなし崩しにしてしまいかねないからです。なので、まず命じられていることは何か、そして、その核心は何かを明確にしていくのです。

問い返されたパリサイ人は答えます。「モーセは、離縁状を書いて妻を離縁することを許しました」（四節）。この時点ですでに、ハードルが下がっていることが暴露されています。そもそも、「何と命じていますか」という質問への答えにもなっていません。おそらく、パリサイ人が自分の主張の論拠と考えていたのは申命記二四章一節から四節でしょうが、ここで命じられているのは、一度離婚して他人の妻となっていた元妻とよりを戻す「ブーメラン婚」（という言い方が正しいかは分かりませんが）をしてはならないということで、結婚の尊厳と相手・自分の人格を貶める行為として、それが禁じられているのです。許可の話ではありません。離婚と離婚状への言及は、場合の説明に登場するだけで、そこを積極的に許可と解釈するのは虫が良すぎます。

ちなみに離婚状というのは、古代社会において、結婚生活が破綻してしまったときのせめてもの援助として、経済力に乏しい女性を保護するための必要書類でした。事実を明確にして二次被害的な窮乏を抑えるためのものです。立場がはっきりしていれば、保護・援助を求めることができます。そのための権利書のようなものです。したがって、これは離婚許可の条件ではなく、本来、あってはならない離婚が起きてしまったとき、これ以上事態がひどくならないための応急措置でしかないわけです。それを許可と解釈するとは、すり替えも甚だしいと言わざるを得ません。ハードルが下がっています。このように、ボーダーラインの議論は、しばしば身勝手な論理の餌食になるということを覚えておかなければなりません。

それゆえ、イエスはパリサイ人によるボーダーラインの議論には乗らず、むしろ、その背後にある世界観の誤りを指摘するのです。「モーセは、あなたがたの心が頑なので、この戒めをあなたがたに書いたのです」(五節)。恵みに生きる結婚観に徹することができない頑なさ。それゆえに、そこから外れる許可の論理を安易に求め、それを神の戒めの語るところと解してしまう身勝手さ。そこをあぶり出します。そしてそのうえで、見るべきところはボーダーラインではなく、本来のあるべき姿、神が恵みをもって形づくった結婚のあり方なのだと語るのです。「彼らはもはやふたりではなく、一体なのです。こういうわけで、神が結び合わせたものを、人は引き離してはなりません」(八〜九節)。ボーダーラインばかりを見て、離婚の許可について白黒の議論をするのではなく、神が恵みとして与えてくださったあるべき姿を見て、その神のみこころに応答する心と態度で事に当たるようにと語られるのです。恵みに生きる神の民としては、結婚生活をめぐる具体的な事柄への対応は、ここから常に汲み出されてくるべきものなのです。

イエスが招く恵みの支配は結婚・家庭というテーマにも及び、そこでも私たちが恵みに徹して歩めるようにと導きます。人の罪深さはそれに抗いますが、屈することなくなおも招くイエスの道は十字架の道となります。この場合、律法解釈の権威を気取るパリサイ人の挑戦に屈することなく招くということですから、ユダヤ社会では受難は目に見えています。離婚を当然の権利と考える現代の世間一般でも同じことでしょう。けれども、イエスはご自身の命を献げて、恵みの道へと私たちを招いてくださるのです。私たちもその招きに応えて恵みに生き、神が備えた結婚の豊かさにあずかって歩みたく思います。

神による結びと仕える愛

神の恵みで備えられた結婚の豊かさに歩むには、恵みの支配に招くイエスに応えるということが基本となります。さらに言えば、それは、イエスが結婚について述べている言葉、「神が結び合わせたものを、人が引き離してはなりません」（九節）が示すごとく、結婚を神による結びと受けとめて、その事実に仕えることです。そして、そこにも十字架の道が意味を持って迫ってきます。

さて、一般的に近代以降の社会では、結婚は当人同士の意志に基づいて成立するもので、逆に言えば、そこに他人が口を挟むことは許されないとされています。「婚姻は、両性の合意のみに基づいて成立し」とは、日本国憲法第二四条の述べるところです。確かに、かつて結婚が家同士の結びつき主体で考えられていた頃には、当人の意に沿わない結婚に人生が犠牲となってしまうケースも随分とあったでしょう。それから比べれば、両性の合意に基づくことを社会通念として保証することは、近代憲法として甚だ結構なことと言わなければなりません。また、親が決めたレールに乗って結婚となると、自立した決断ができる家庭への道のりはおぼつかなく、人間関係という意味でも健全とは言えない状態になるでしょう。イエスも「父と母を離れ」「ふたりは一体となる」（一〇・七〜八）と述べています。しかしながら、そこは「両性の合意のみに」基づくということなのでしょうか。

結婚が当人同士の意志だけの事柄と規定されると、多少穿《うが》った見方をすれば、自分たちさえ良ければ他の人はどうでも構わないという話なのか、という振り子が逆に振れた問題に直面します。その「他の人」の中には、もしかしたら自分たちの間に与えられた子どもたちが含まれてしまうかもしれません。そうなると、家庭内児童虐待の影がちらついてきます。あるいは、自分たちさえ良ければという生き方に走って、モンスター・ペアレントになってしまうかもしれません。また、当人同士の合意が得られなくなったら、それで離婚成立ということになります。確かにそうでしょう。その合意が破綻したら、結婚生活は成立しません。

ただ問題は、合意の基盤を当人たちの意志だけに置いてしまうと、自分さえ良ければという観点で合意するかどうか（利己的判断の偶発的一致）が合意理解の争点となり、本当は関わりのある人々を無視するとか、少々の理由で簡単に離婚してしまうとか、様々なことが起こり得ます。当人たちの合意だけを排他的に持ち上げて、金科玉条・不磨の大典のごとく奉り上げるなら、こうしたことを覚悟しなければならないでしょう。確かに、自分や相手の意志が何によって構成されているのか冷静に吟味できれば、そこまでのことにはならないにせよ、事に直面しているただ中で、その冷静な吟味が当人にできるのかどうかは考えどころです。

そこへ行くと、結婚に関するイエスの言葉はあらためて傾聴されなければなりません。「神が結び合わせたものを、人が引き離してはなりません」（九節）。二人だけで決めたと言えば、格好よく聞こえたり、ロマンティックに見えたりするかもしれません。しかし、結婚は当人たちの合意だけに基づくとは、イエスは言いません。確かに、「父と母を離れ」ということは自立した大人として家庭を築くうえで大切な条件となります。親は越えて行かなければなりません。しかしだからといって、二人だけというわけではありません。二人に命を与えて守り導き、親に育てる力を与え、親を越えるまで恵みをもって養ってくださった神が二人に出会いを与え、関係者各位にも理解を与えて道を開き、結び合わせてくださった事実を認識すること、これが結婚の基盤となるのです。神が結び合わせたなんて何だか無理やり結婚させられるみたい、というイメージを持ってはいけません。お互いの意志を引き出すきっかけも、合意に至るプロセスもタイミングも、すべて神からのプレゼントとして受け取ることです。そもそも、結婚というあり方を恵みとして人間に与えたのは、造り主なる神ご自身です（六〜八節）。恵み深い神は私たちが思う以上にロマンティックな方なのです。そのようにして結婚という出来事に恵みが貫かれていくなら、その後の結婚生活もすべて恵みとして受けとめられていくでしょう。人生いろいろ、困難な局面に遭遇するときも、お互いの意志を超える神の恵みによる結び合いのゆえに、困難の中にも恵みを見いだして乗り越えていけるでしょう。イエスが招く恵みの支配ということです。

このように、結婚を「神が結び合わせたもの」と受けとめるなら、それを「人が引き離してはなりません」というのは当然のこととなります。それは、神の行為を人が勝手に否定すること、ひいては、人が自らを神以上の存在だと主張することにさえなりかねません。そんなことはできないし、やってはいけないことです。むしろ、しなければならないことは、神が結び合わせた事実に仕えていくことです。そのことで犠牲を払うことがあっても、だれも引き離すことがないように仕えていくということです。ここで「人が引き離してはなりません」の「人」というのは、単純に他人というだけではありません。合意した当人たちも含んでいます。当人たちだから当人たちの勝手にできるでしょ、というわけではありません。むしろ、当人たちだからこそ、両者共々、お互いに「神が結び合わせたもの」として結婚生活を建て上げ、犠牲を払ってもそこに仕えていくべきなのです。人が引き離せないということは、結局、生涯の間、引き離すものが登場してはならず、結婚はいのちの日の限りというのが原則となるわけです。結婚式という公的な場で交わされる誓約と告げられる宣言にはこのような意味があるということが見過ごされてはなりません。

結婚の本質が神の結びに仕えて互いに愛することであるなら、それは、神の恵みに生きることに徹して犠牲を払ってもそこに仕えていく十字架の道の家庭形成ヴァージョンと言うことができるでしょう。逆に言えば、恵みに招いて命をかけるイエスについて行くということは、結婚生活の場においては神の結びに仕える愛に生きるということなのです。恵みをもって互いを結び合わせた神を畏れ敬い、そうやって結び合わされた互いを大切にして、犠牲を払っても喜んで尽くしていく姿勢です。結婚しているお互いは、そのようにして結婚生活の恵みを享受したく思います。また、結婚はこれからという若者たちには、そういう結婚生活を待ち望んで、備えていただきたいものです。

50　結婚の極意と神の国

〈マルコ一〇・一〜一二〉

「イエスは立ち上がり、そこからユダヤ地方とヨルダンの川向こうに行かれた。群衆がまたイエスのもとに集まって来たので、再びいつものように彼らを教え始められた。すると、パリサイ人たちがやって来て、イエスを試みるために、夫が妻を離縁することは律法にかなっているかどうかと質問した。イエスは答えられた。『モーセはあなたがたに何と命じていますか。』彼らは言った。『モーセは、離縁状を書いて妻を離縁することを許しました。』イエスは言われた。『モーセは、あなたがたの心が頑ななので、この戒めをあなたがたに書いたのです。しかし、創造のはじめから、神は彼らを男と女に造られました。「それゆえ、男は父と母を離れ、その妻と結ばれ、ふたりは一体となる」のです。ですから、彼らはもはやふたりではなく、一体なのです。こういうわけで、神が結び合わせたものを、人が引き離してはなりません。』家に入ると、弟子たちは再びこの問題についてイエスに尋ねた。イエスは彼らに言われた。『だれでも、自分の妻を離縁し、別の女を妻にする者は、妻に対して姦淫を犯すのです。妻も、夫を離縁して別の男に嫁ぐなら、姦淫を犯すのです。』」

結婚の極意だなんて大げさな、たかが結婚生活、そう肩に力を入れなくても……なんて声が聞こえてきそうです。確かに、もっと気軽にいきたい気持ちも分からなくはありません。ただ、昨今、あまりにも気軽すぎて、くっつくのも早いが、お別れも早くて、結局、関係者が傷んでしまうことが多いように思います。なるほど、極意などと言ってしまうと表現が固すぎる気もしますが、事の本質をしっかりとらえるのは大切なことです。意味を極めるということで、極意。結婚に関しては、いったいどこへ行けば教えていただけるのでしょうか。結婚相談所でしょうか。しかし、そこではマッチングのお手伝いはしてくれるでしょうが、極意を教わるというわけにはいかないでしょう。極意というからには、表面的な相性判断では困ります。むしろ、事の真髄に関わることなので、事の始めからとらえなければなりません。そうなると、結婚の始まり、すなわち、神が人を創造したときに、結婚という関係・生活を人に与えた事実にまでさかのぼる必要があります。結婚の極意を知るには、そこを見なければなりません。結婚の基盤、真意、祝福、目標……。これらはすべて、人のために結婚をデザインして与えた神のもとで学ぶべき事柄です。どんな意図をもって神が結婚をデザインして、人に与えてくださったのか、それは、恵み深い神ご自身との交わりの中で、人の創造の事実に目を向けることで教えられるものなのです。

それゆえに、結婚・離婚について質問を受けたときにイエスは、人の創造において与えられた結婚について語る創世記の記事に注目させるのです（六〜八節）。そして、このことは、イエスご自身の働きである神の国・恵みの支配への招きと軌を一にする指摘であると言うことができます。つまり、神の国・恵みの支配への招きが枠組みとしてあり、その中で結婚という課題はきちんととらえられるということです。結婚をデザインして創造の時より人に与えたのは神ご自身であるゆえに、神の恵みの統治こそ結婚を真っ当に語るための枠組みとなるのです。

したがって、「時が満ち、神の国が近づいた。悔い改めて福音を信じなさい」（一・一五）とのイエスの招きは、結婚について語るイエスの言葉にも響いており、あるいは、その確かな背景を構成していると言うことができます。造り主の恵みで生かされ、治められている事実に心開けば、生活に感謝と安心が溢れ、分かち合いによる平和が生まれます。恵みの支配に生きるようになります。結婚生活もまた、そうした生活となっていきます。イエスは、ご自身と共に恵みの支配が訪れているから、ご自身について来るように、弟子となるようにと招くのです（一・一七、二・一四）。

ところが、この招きに応えるには、それまでの自らの歩みの間違いを認めて方向を変えなければなりません（悔い改め）。しかし、恵みに生きることに抗う人間の罪は、この招きを拒みます。それでもなお、招く・ついて行くとなれば、その道は受難です。しかし、イエスは恵みに生きる幸いに人々を招くべく、受難の道・十字架の道をたどって命を献げ、同様に、イエスについて行く弟子たちに対して「自分の十字架を負って」（八・三四）ついて来るようにと語るのです。もちろん、これは敗北ではなく、復活という勝利に通ずるゆえに従うことができるのです（八・三五）。となれば、結婚生活もまた、恵みに生きる生活として、その道に命を献げるべきものとして受け取られるのです。結婚の極意は、そこにあります。

もともと一体という交わり

結婚とは、従来、男女二人が互いに共に生きていく決心をして家庭を築いていくことと理解されてきました。ところが、イエスは創世記を引用しながら、それは二人が一つの生活を建て上げるパートナーということだけでなく、「一体」と語られる存在となることであり、さらに驚くべきことに、結婚するということはもともと相手と「一体」だったのだと受け入れ合うレヴェルの交わりに入るということだ、と語るのです（六〜八節）。もともと一体だったなんて、前世とか前々前世とかの話かしら、みたいに思ってはいけません。神が個々人に今を生きる命を与える以前に各人は存在しておらず、だから前世も何もないわけです。なので、そこはそういう話ではなく、もともと一体だったと受け入れ合うレヴェルとは、神が備えた結婚というあり方の盤石さ、与えられる絆の強さを物語るものだということです。そして、それは、人の創造において男女がもともと一つであったことと、性別は結婚をまず念頭にしてデザインされたことに由来するのです。

さて、この箇所、結婚・離婚に関してイエスがパリサイ人から挑発的な質問を受けたという場面ですが、このテーマで質問が飛んでくるのは、マルコの報告ではこれまでになかったことでした。確かに、イエスの活動の初期からパリサイ人たちはイエスに対して疑念の目を向け、批判的な質問をぶつけて告発の機会を狙っていました。三章の段階ですでに殺害計画まで練り始めています（六節）。しかし、当初、やり玉にあがっていたのは安息日規定に関することだったので、ここで結婚・離婚をめぐる律法解釈にまで話が広がってくるというのは少々驚きですが、それだけにパリサイ人たちは躍起になってイエスの律法解釈にほころびを見つけ出して告発しようとしていた様子がうかがえます。安息日規定という明らかに見解が異なるテーマで告発できなかったとなれば、別件で重箱の隅をつついてでも何か見つけ出してやろうというわけです。

また、この議論が持ち上がった時期と場所も示唆的で、マルコの福音書はそこをしっかり記録しています。もちろん、イエスは活動初期より、「山上の説教」に見られるように結婚・離婚に関する理解を恵みの支配に立って人々に語ってきたわけですが（マタイ五・三一～三二）、マルコの福音書は挑発的な議論として持ち上がった出来事に特にスポットを当て、その意義を浮き彫りにして、恵みの道における結婚理解をクローズ・アップしたと言えるでしょう。「イエスは立ち上がり、そこからユダヤ地方とヨルダンの川向こうに行かれた」（一節）。

時期としては、イエスがご自分の受難と復活を予告し始めて後のこと、弟子たちにも「自分の十字架を負って」（八・三四）ついて来るように語り、その具体的意味について日常の人間関係・社会生活に即して教えている段階ということになります。イエスに従い恵みに生きる者たちの人間関係・社会生活というテーマの中で、では結婚とはいかなるものか、という展開です。とりわけ、旧約聖書の神の戒めという観点からこれをいかに理解するか、ということです。そして、場所としては、イエスの受難予告がガリラヤ北端のピリポ・カイサリアで始まって、弟子の道の人間関係・社会生活について語り出すのがガリラヤ中央のカペナウム、つまりイエスの働きの出発地点に戻ってのことでした。そして、いよいよガリラヤから「立ち上がり」（一節）、律法解釈の権威を自負する人々の牙城・都エルサレムに向かう途中で、律法の解釈としてイエスの弟子の道はどうなのかが問われていく、そういう展開です。その中で問われた結婚・離婚理解ということです。

ここでパリサイ人が問うているのは「夫が妻を離縁することは律法にかなっているか」（二節）ということですが、結婚に対する離婚というボーダーラインの事柄について、許可の有無という問題設定で、単純に賛否を問うという形で尋ねてきています。しかし、イエスはこの質問に対して型どおりに回答するのではなく、質問を問い返し、その背後にある前提の誤りをあぶり出します。「モーセはあなたがたに何と命じていますか」（三節）。問い返されたパリサイ人は、「モーセは、離縁状を書いて妻を離縁することを許しました」（四節）と答えて、案の定、問いの前提にある誤りを自ら暴露します。

モーセの真意は許可ではありません。残念ながら結婚生活が破綻してしまった状況での二次被害抑制措置について述べているのであって、許可しているわけではありません。このように、前提の誤りがあぶり出されたので、イエスは「モーセは、あなたがたの心が頑なので、この戒めをあなたがたに書いたのです」（五節）と指摘して、さらに話をモーセから創世記へと展開します（六〜八節）。パリサイ人はモーセが申命記で言及している部分こそ論拠だと考えていたようですが、モーセよりもはるか以前、人間創造の始めから神ご自身が恵みとして人間に与えた結婚というあり方・そのみ旨にこそ、まず目を注ぐべきとイエスは語るわけです。もちろん、モーセの言及するところも実際、この神のみ旨に則っている話ですし、旧約正典ということで言えば、創世記も律法五書の一巻として、しかも、すべての前提を提供する書物として、律法解釈の基本に据えられるべきものです。そこをちゃんと踏まえているか、というイエスの問い返しなのです。別の言い方をすれば、結婚を語るにあたり、その極意を学び取った上でモノを言っているのか、と吟味しているのです。

さて、それならば、創世記の人間創造の記事で結婚はどのように描かれているでしょうか。起源にさかのぼってこそ分かる極意なるものを見いだすことができるでしょうか。「しかし、創造のはじめから、神は彼らを男と女に造られました。『それゆえ、男は父と母を離れ、その妻と結ばれ、ふたりは一体となる』のです。ですから、彼らはもはやふたりではなく、一体なのです」（六〜八節）。ざっと読んで、言いたいことは何となく分かる気はします。難しい言葉は使われていません。けれども、読めば読むほど、今一つ文のつながりが見えにくい感じがします。特に接続詞に注目すると、煙に巻かれるような感じがします。最初の「しかし」はモーセの言及に対して「しかし」なので、話は分かりますが、その次の「それゆえ」はどうでしょう。「しかし、……男と女に造られました。『それゆえ、……一体となる』のです」と。確かに、引用だからといってしまえばそれまでですが、並べて読むと、論理がうまくつながっていないように思えます。別の性に造られた、だから一体となるって、どういうことでしょうか。ここをスッキリさせたければ、原語であるヘブル語を見なければなりません。

ヘブル語で男は「イーシュ」、女は「イッシャー」といいます。語感が似ていますね、というか、ほとんど一緒です。最初の男性アダムが最初の女性エバに出会って感動して、イーシュ（男）である自分から取られた彼女をイッシャー（女）と呼ぶ場面がありますが（創世二・二三）、ヘブル語で見れば、これはダジャレだと分かります。しかし、これは単なる親父ギャグではなくて（そのときアダムはまだ親父ではなかったのですが）、実際に性別の起源はそうなのだ、と創世記は語ります。もともと一体であった存在から女性が分かれ出て、性別が生まれ、神が人を男と女に創造したということが成立するのです（イエスの発言からすると、人の創造に関する創世記一章〔一〇・六に対応〕と二章〔一〇・七〜八に引用〕の記事は、矛盾なく関連づけて読めることになります）。そこを踏まえるならば、人はイーシュ（男）とイッシャー（女）とに造られた、それゆえ一体となるという論理は実にスムーズになるわけです。もともと一つであった間柄、だから一体となるということです。

結婚の起源がこういうことであるので、そこに示される極意に立てば、離婚はあり得ないと言わなければなりません。結婚において神が人に与える結び合いは、そこまで固い絆なのだということが覚えられなければならないのです。別の言い方をすれば、神が備えたこのような結び合いの間柄に入ることを結婚と呼び、互いにそのことを自覚した相手が結婚相手なのだ、ということです。

もともと一つで、だから一体となるというのが結婚ですから、本当はどちらが上も下もありません。創世記によれば、もともと一つだったところから女性が分かれ出た出所はあばら骨であったということですが、これが頭の骨だったら、アタマが上がらないかもしれません。顎だったら、アゴでこき使われるかもしれません。足だったら、ケリが入るかもしれません。そうではなく、あばら骨です。あばら骨などというと、ロマンスのかけらもない感じがしますが、そんなことはありません。あばら骨がある胸部は、愛情の座です。愛する者を抱く場所、その骨格です。それゆえ、「ふたりは一体となる」という神のみ旨は実はロマンスで溢れています。ここまで来ると、離婚の議論など、どこかへ吹っ飛んでいくでしょう。そう、それでいいわけです。「神が結び合わせたものを、人が引き離してはなりません」（九節）ということです。

　むしろ、「一体となる」ということ、実際の結婚生活ではここが強調されなければなりません。結婚によって性交を含む生命の営みがなされ、家族という社会の最小単位・共同体の基本が生まれます。これは、もともと一つだから放っておいてもそうなる、というものではありません。一体となろうとする互いの意志・態度・行動が大切です。もともと一つであっても、そこから分かれ出た存在であることに違いはありません。というか、それだけに互いの違いは際立ちます。けれども、その違いを越えて受け入れ合って一体となるので、そこで自分と同類ではない他者を受け入れて一つとなるということを最も身近な関係において日常生活で学ぶことになるのです。また、「一体となる」のは結婚する二人ですから、それ以外の人物がそこに割って入ってはいけません。それまでお世話になった親であっても同じことです。「父と母を離れ」ということは確認されなければなりません。

　しかしながら、こうした人間同士の自覚と営み以上に大切なのは、人間の創造とともに結婚をこのような形で備え、恵みとして与えてくださった神を崇めること、礼拝することです。それでこそ、結婚の極意について、学ぶ以上に生きることができるでしょう。「創造のはじめから、神は」（六節）という認識を常に持ち、神に心ひれ伏し、神の恵みに感謝して、神のみ旨を求めて生きるということです。恵みの支配・神の国に生きるということです。イエスは私たちをここに招くのです。

神の国の訪れにおける結婚

結婚とは、「もともと一つ」と言えるだけの固い絆を神が恵みとして与えてくださる間柄で、それによって家庭が築かれていくと創世記は語り、イエスもそこを強調します。その極意は、恵み深い神を礼拝し、恵みの支配・神の国に生きることで体得されるのです。ところが、せっかくそのように創造されたのに、人は神に背き、自分勝手に歩み、結果として結婚の極意をも見失ってしまいました。なので、離婚は許可されるのかという議論などが出てきたりするわけです（四節）。

しかし、そんな世の中にイエスは来られて、恵みの支配に人々を招かれます。恵みに生きる新たな道を拓いて、ご自身について来るように語られます。「神の国が近づいた」（一・一五）、ゆえに「わたしについて来なさい」（一・一七、二・一四）ということです。この神の国の訪れにおいて、結婚の極意・その幸いも新たに明確にされて、そこに生きるようにとの強い促しと励ましをいただくことができるのです。

さて、結婚・離婚についてのパリサイ人との問答の後で、弟子たちが再び確認のため質問します。そして、それに対するイエスの回答は、「だれでも、自分の妻を離縁し、別の女を妻にする者は、妻に対して姦淫を犯すのです。妻も夫を離縁して別の男に嫁ぐなら、姦淫を犯すのです」（一一〜一二節）というもの。ちょっと待てよ、先ほど「人が引き離してはなりません」と語ったばかりなのに、ここでイエスが離婚について語っているということは、やっぱりイエスだって離婚もあり得ることとして暗に容認しているのではないか、と訝《いぶか》る人がいるかもしれません。しかし、そうではありません。この言葉のポイントは、離婚の容認ではなく、姦淫の範囲の再定義と、そこから見える結婚の絆の強さなのです。したがって、離婚の容認とは話が逆方向だと言わなければなりません。離婚について述べられているのは、離婚の場合を説明する要素の一つとしてであって、そこに許可や容認などの判断は加えられていません。そして、その場合にあってはならないことを指摘するのです。これは、離婚状について述べているモーセの論法と同じです（申命二四・一～四）。

それならば、ここで姦淫として再定義される範囲は、どこまで広げられているでしょうか。一般的に姦淫という言葉は、結婚している状況において婚外性交により結婚生活が侵されることと理解されます。それゆえに、離婚に至ってしまった場合には、すでに元結婚相手との関係は切れているわけですから、その後でどちらがどうなろうと関係ないと考えられます。離婚状を書き記して、そこを明確にしているなら、それはなおさらだと考えられます。

ところが、イエスはここで、自分から離別した当人が他の人と再婚するところまで含めて、姦淫と呼んでおられます。姦淫という言葉で理解される範囲がここまで広げられているのです。裏を返すと、神が与える結婚の絆はそこまで強いということです。「人が引き離してはなりません」（九節）と言われますが、実際に結婚生活が破綻してもなお、結婚の絆の可能性は完全に消失しておらず、それゆえに自ら離婚を主導した者が他の相手と再婚すれば、完全に消失していない絆の可能性を自らの意志で侵害・棄却することになるのです。社会的に合法とみなされても、神の目には姦淫だと言われるのはそういうわけです。「神が結び合わせたもの」を人が引き離して、さらに当人が自らピリオドを打つということ、そこが恵みとして結婚を与えた神のみ旨に背いていることになるのです。離婚していても姦淫が成立してしまうとは、そういうことなのです。それほどに、神が与える結婚の絆は強固なものだということです。

そうだとすれば、「神が結び合わせたもの」としての結婚の絆について、それを解く資格をだれかが持っているとするならば、それは神ご自身以外にはないということです。命を与える神が各人の地上を生きる命を引き取られるとき、結婚という関係は解かれるということです。それゆえ、死別後の再婚は姦淫に当たらないということになります。もちろん、死別後も相手を想い、その意味で貞節を守ることは美しいことです。ともかく、ここで大切なことは、神が与える結婚の絆はそこまで強固なもので、文字どおり命の日の限りの結びなのだということです。

ただし、やはり気になるのは、これを許可の論法に引き下げて逆の振り子にしてしまい、あらゆる場合でも離婚絶対厳禁なのかという話になると、ギャンブル・薬物依存で生活が成立しないとか、家庭内暴力で生命の危険があるとか、随分と極端な、しかし、現代社会で目に付くケースはどうなのかという疑問が出てくることです。しかしこれらは、問題を起こす当人が解決への道筋に歩まないということであれば、その人は相手と一緒に生活する気持ちがないとみなされる事柄で、残念ながら離れていくに任せるという理解に落ち着くこともあり得るでしょう。イエスがここで姦淫だと述べているのは、自分から離別しておいて他の人と再婚するというケースであって、相手が結婚生活を成立させない状況の話ではないからです。結婚生活から引き離してしまっているのはだれなのかが判断材料となります。そして、こういう状況は、創世記をはじめ、旧約聖書の戒めを世界観の前提としていない社会で顕著になりがちであるので、パウロがコリントの人々に書いた手紙では、これに関してより具体的な適用が記されているのです（Ⅰコリント七・一〇〜一六）。しかし、いずれにせよ、「神が結び合わせたものを、人が引き離してはなりません」ということが基盤となります。

ともかく、ここまでで明らかなことは、イエスは弟子たちからの質問に回答するにあたり、結婚の認識のギアを上げて語っているということです。離婚の許可の議論ではなく、姦淫理解の範囲を広げて話しておられる点がそうです。また、二人が一体となることを超えて、命の日の限り結び合うようにと述べておられることもそうです。そして、旧約聖書において「夫が妻を離縁する」とか、「男は父と母を離れ」とか、古代社会の経済システムのゆえに主体となる男性のみが描かれるところで、イエスは「自分の妻を離縁し、別の女を妻にする者」と同時に、「夫を離縁して別の男に嫁ぐ」者への言及もなさっています。すべてレヴェルが上がっています。つまり、弟子たち、恵みの招きに応答し始めた人々にとって、結婚をはじめ、日常生活で恵みを分かち合うためには、よりシャープな、また、より豊かな信仰的感性を身につけなければならないとの導きだと言えるでしょう。

イエスが招く恵みの支配の訪れは、それだけ力強いものであり、それまでの歩みから方向を変えるものです。恵みの分かち合いへとしっかり歩むようにとの圧倒的な促しなのです。結婚生活で言えば、「ふたりは一体となる」という人の創造における神のみ旨を鋭く豊かに受けとめ直す動因として、私たちに迫ってくるのです。結婚の極意に確かに生きるようにとの神の召しと言うべきものです。それゆえ、結婚しているお互いは、そこを自覚的に受けとめて、この召しに命を献げて歩まなければなりません。また、結婚を考えているという方々は、ぜひともこの召しにあずかり、また、応答することができるように、心を献げて祈り求めていかねばなりません。それでこそ、恵みの支配に生きる幸いな結婚生活となるのです。

51　恵みの国の子どもたち

〈マルコ一〇・一三〜一六〉

「さて、イエスに触れていただこうと、人々が子どもたちを連れて来た。ところが弟子たちは彼らを叱った。イエスはそれを見て、憤って弟子たちに言われた。『子どもたちを、わたしのところに来させなさい。邪魔してはいけません。神の国はこのような者たちのものなのです。まことに、あなたがたに言います。子どものように神の国を受け入れる者でなければ、決してそこに入ることはできません。』そしてイエスは子どもたちを抱き、彼らの上に手を置いて祝福された。」

「子どもの国」という名称のテーマパークは、日本国内に二十一か所あるそうです。きっとそこには、楽しそうな遊具、かわいいゆるキャラ、思いっきり走り回れる広場、グッズやおやつが充実している売店などがあり、親子連れが一日楽しめる公園になっていることでしょう。いいですねぇ、筆者も童心に帰って遊びに行きたい感じがします。今の年齢や立場など関係なしに、だれしも子ども時代があったわけで、童心なるものを心のどこかに保っていますし、かつての楽しい思い出の幾つかは記憶に懐かしく残っているものです。また、いつになってもだれかの息子・娘であることに変わりはありません。

さて、「子どもたちを、わたしのところに来させなさい。邪魔をしてはいけません。神の国はこのような者たちのものなのです」（一四節）との主イエスの言葉を読んで、まさかゴリゴリのテーマパークを想像する人はいないでしょうが、概念としては似たようなイメージを抱く人がいるかもしれません。楽しさ、リラックス、交わり、童心、ファミリー……。確かに、神の国とは神の恵みが支配する事実が受けとめられる領域であるので、恵みで支えられる命・存在、恵みとして与えられる互いの交わりなど、そこには、家族がリラックスして童心に戻って楽しむ様子と概念的に重なる要素が多々あることには間違いありません。

ただし決定的な違いは、それが日常であるかどうかという点です。たまの休みにディズニーランドに出かけて日常を忘れて夢の国に遊ぶ、というのとは違います（そういう機会も必要でしょうが）。もちろん、日常的にテーマパークに出かけるというのでもありません（そんな余裕は時間的にも金銭的にもありませんから）。そうではなくて、何の変哲もない日常生活、あるいは、様々な葛藤に直面する日常生活が生ける神の恵みを分かち合う現場となり、楽しい豊かな交わりがそこに生まれる、喜びと平和がそこに宿るという毎日に変えられるということです。まともに味わえるのなら、それはテーマパークをはるかに超える現実となります。恵みに生きる「神の子どもたち」の心を持つこと、すなわち、神ご自身と親子的な信頼関係を結ぶことと言い換えることができるでしょう。それゆえにイエスは、実際に子どもたちを御許に歓迎しながら、恵みに生きる神の国の人々は子どもたちのような特質を持つのだ、と語られるのです。

確かに、イエスの招きは「時が満ち、神の国が近づいた。悔い改めて福音を信じなさい」（一・一五）と語られるとおり、神の恵みに応えてこなかった今までを悔い改めるという不可避の迫りがあり、恵みの支配の訪れを告げるご自身について行って弟子となるという応答が求められるものですから、それは真剣そのもの。決して、なめてかかれるものではありません。しかし、だからといって、力んでどうにかなるものではなく、むしろ、恵み深い神をまともに信頼するという親子的な信頼関係を結び、神の子どもたちとして恵みを喜ぶ童心に憩うということを本質とするのだ、とイエスは語られるのです。恵みに生きる神の民となるということは、すなわち、イエスの弟子となるということは、神の子どもたちとなり、その交わりに生きるということなのです。なるほど、恵みの道は幸いな道です。それを理解しない世にあっては十字架の道になりますが、恵み深い神との関係にあってはまさに童心そのものので、楽しさと自由さ、安らぎと憩いに溢れた交わりに生きることになるのです。ぜひとも、その幸いに歩むお互いでありたく思います。

幼子たちと共に神の国を祝う

イエスについて行くとは、神の子どもとなり、恵みの国に憩うことです。ですから、私たちは弟子となるとはいえ、やたらと気負うことなく、肩の力を抜いていきたいと思います。リラックスした姿勢を身につけるのに必要な身体の動きがあるように（深呼吸とか）、恵みに生きる姿勢を身につけるためにも必要な心の態度というものがあり、そのことについて弟子たちに分からせるために、イエスはここで幼子たちとともに神の国を祝うというご自身の姿を示されます。力みがちな私たちも、これについて弟子たちと共にきちんと身につけなければならないでしょう。小さな子どもたちを喜んで受け入れて、一緒に神の恵みを喜び祝い、感謝するということです。

「さて、イエスに触れていただこうと、人々が子どもたちを連れて来た」（一三節）。子どもたちに手を置いて祈っていただきたい、神の祝福が子どもたちに注がれるように、という思いで人々が子どもたちを連れてイエスのもとにやって来たという場面です。もちろん、そこにはイエスに対する信頼と期待がありました。神の祝福への求めがありました。子どもたちも祝福にあずかることができる、神の寵愛をいただいて恵み豊かな生活にしていただけるとの信仰がありました。そして、そのように子どもたちのためを思う愛がありました。いいですね。こういう姿勢でイエスの前の来る人々はみこころにかない、憐れみ深い神の祝福をしっかり受け取らせていただけるみわざにあずかります。今までも、そうでした。長血を患った女性然《しか》り（五・二五〜三四）、会堂司・ヤイロ然り（五・二一〜四三）、ツロ・フェニキアの女性然り（七・二四〜三〇）……。逆に、こういう態度が取れないと、祝福の取りこぼしという実にもったいない結果となります。ナザレの人々などがそうでした（六・一〜六）。なので、ここで人々が子どもたちを連れてくる様子は、イエスのもとを訪れる際のまさにあるべき姿であり、イエスもこれを嬉しく思ったに違いありません。

ところが、何をどう間違ったのか、「弟子たちは彼らを叱った」のです（一三節）。瞬く間に空気が凍ります。こんなことをされると。つい先ほどまでの賑やかで楽しげな雰囲気はどこへやら、いきなり怒られて驚く人々、弟子たちの形相に泣き出す子どもたちもいたかもしれません。というのも、「叱った」と訳される言葉（エペティメーサン）は、小声でたしなめたとか、注意を促したとか、そんな程度ではなく、本気で叱り飛ばしたということで、かつてイエスがペテロを叱って「下がれ、サタン」と言ったのと同じ言葉が使われているのです。いったい何でまた、弟子たちはここまでの剣幕でもって厳しい言葉を人々に浴びせなければならなかったのでしょうか。

子どもたちを連れて来た人々が悪意をもってイエスの邪魔をしてやろうとか、悪意でなくても、明らかに邪魔になっているとかいうならまだしも、全くそういうことではありません。しかイエスに手を置いて子どもたちのために祝福を祈ってもらいたい、ただそれだけです。しかも、連れて来られたのは「子どもたち」（パイディア）、ニュアンスとしては幼子たちと言うべき年ごろで、手を取ってあげて、やっと立てるぐらいのイメージ（九・三六）です。それゆえ、幼子らしいコソつきぐらいは当然でしょうが、それでここまで言うかという話です。しかも、つい最近、イエスご自身から「だれでも、このような子どもたちの一人を、わたしの名のゆえに受け入れる人は、わたしを受け入れるのです。また、だれでもわたしを受け入れる人は、わたしではなく、わたしを遣わされた方を受け入れるのです」（九・三七）と薫陶を受けたばかりです。いったい何を教わってきたの、と言われてしまいそうです。

けれども、このとき、弟子たちは人々を叱り飛ばしてしまいました。弟子たちは明らかに悪意をもって邪魔しに来たパリサイ人には何も言えず、逆に、明らかに悪意のない、そして邪魔にもならない人々、しかも、自分たちよりも力の弱い人々を叱った、という構図がここで浮き彫りにされます。これ、弱い者イジメと言ったら言いすぎでしょうか。ともかく、少なくとも彼らは、周りとの力関係の中で権力を振るうことができる偉い立場をこしらえて、そこに立って自分たちが場を取り仕切る快感に酔いしれていたように見えます。私たちも、こういう傾向はないでしょうか。弱い立場の味方を気取っている場合でも、これをやらかしていることがあるように思います。いずれにせよ、こうした言動が最も弱い人々を周縁に追いやることになり、それで恵みを分かち合う交わりが消えていってしまうのです。そして、イエスが招いてくださった神の国の姿が霞んでしまうのです。

せっかくイエスに招いていただいたのに、この有様です。イエスから「わたしについて来なさい」(二・一七、二・一四)と声を掛けていただいたときには、取るに足りない小さな者たち、見向きもされない罪人のかしらで、ただ憐れみのゆえに召し出していただいただけなのに、偉くなってしまっています。ふさわしくないはずの自分たちが召し出されて神の国の事業に参加させていただいているという立場なのに、このように権力を振りかざそうとするのは、身の程知らずだし、目的からずれているし、ということで実に残念な姿です。恵みの分かち合いどころではありません。その逆になっています。イエスはこれを放っておくような方ではありません。

「イエスはそれを見て、憤って弟子たちに言われた。『子どもたちを、わたしのところに来させなさい。邪魔してはいけません。神の国はこのような者たちのものなのです』」(一四節)。ざわついた現場にこの一喝は、大きな慰めです。祝福を祈っていただくためにせっかく子どもたちを連れて来たのに無下にもいきなり却下されてうろたえる人々にとっては、あたかも防波堤のように立ちはだかって守ってもらえる安心感をもらうことができたでしょう。ホッとしたはずです。イエスは、こういう安心をくださる方です。無力な私たちが何かで追いやられて、恵みの分かち合いから遠ざけられそうなとき、盾になってくださる方です。そして、弱い者・無力な者、幼子でも赤ちゃんでも、ご自分のもとに来させるようにと言われます。小さき者を心から歓迎してくださる方です。イエスが招く神の国・恵みの支配は、幼子たちが歓迎される場所、否、幼子だからこそ歓迎される場所です。それでこそ、神の恵みの豊かさが輝きを増すのです。

一方、逆に叱られた弟子たちに対しては、やはり、イエスの弟子たる道とは、恵みを分かち合うべくへりくだり、しもべとなって仕え合い、そのことに自らを献げる道なのだということを深く知ってほしいというイエスのお心が示されています。つい最近もそのことを語ったばかりではないか（九・三六～三七）、大切なことだから忘れないでほしい、その意味を知ってそこに歩む人々になってほしいという熱い思いです。確かにこれは世間の流れとは違うから、結局は十字架の道になるけれども、それでもなおついて来るのが弟子なのだと（八・三四～三五）。厳しい一喝の中に、何としても弟子たちに恵みの分かち合いに有益な人々になってほしい、神の国の働き人として用いられてほしいという、イエスの愛と情熱がほとばしり出ています。同じ愛と情熱をもって、イエスは私たちをも訓育してくださるのです。

さて、このイエスの一喝によって、子どもたちを連れて来た人々はホッとして、彼らを叱り飛ばした弟子たちはハッとしたわけですが、その場は一瞬シーンと静まり返ります。場の雰囲気を何とか回収して落としどころに持っていかなければなりません。いやいや、場の雰囲気の話ではなく、そこに連れて来られた子どもたちが安心できなければなりません。この場面で本当の主役はこの子たちのはずだったわけですから。イエスのもとに連れて来てもらって本当によかったと、この子たちが思えなければなりません。そして、この子たちの心を一番理解しておられたのも、やはりイエスでした。

「そしてイエスは子どもたちを抱き、彼らの上に手を置いて祝福された」（一六節）。さぁ、もう大丈夫だよ、わたしのところにいらっしゃい、あなたがたは大事な子たちなんだ、神の恵みがいっぱい注がれているよ、よかったね、さぁ一緒に喜ぼう、と。イエスは幼子たちを歓迎し、祝福を祈り、心いっぱい恵みを分かち合います。幼子たちと神の国を共に祝う姿です。神が与え、養い育ててくださるいのちを喜び尊ぶ姿です。この子たちも嬉しかったに違いありません。

そしてイエスは、こうした姿を通して、神の国・恵みの支配を生きるとはどういうことか、あらためて範を示してくださったと言えるでしょう。つまり、弟子たちをはじめ、その場にいる人々すべてをあらためてこの恵みの分かち合いに招いてくださったということです。

そう考えると、私たちの属している教会はどうであろうかと省みる必要があるかもしれません。多くの場合、教会では幼子たちは歓迎されるでしょう。ただ、その理解・認識として、それが恵みの支配に生きることとなのだという感覚があるのとないのとでは、豊かさに違いが出てくることでしょう。神の国の福音そのものの表出として、子どもたちが歓迎されるということ、また、子どもたちになぞらえられる小さい者・弱い者、あるいは、だれでも小さいと思えるとき・弱さを覚えるときに歓迎されるということ、これが一つの特質となる交わりに成長できるように歩みたいものです。それでこそ、神の子どもたち、恵みの国の子どもたちの姿なのだと言えるでしょう。

幼子たちから神の国を学ぶ

イエスについて行くとは、神の恵みに憩うことです。これを弟子たちに学ばせるため、この場面でイエスは、幼子たちと神の恵みを喜び祝うご自身の姿をお示しになりました。さらにもう一つ、ここでイエスは、幼子たちの姿から神の恵みに憩うことの意味を学ぶことができると語っておられます。恵みに生きるように招かれた私たちは、神の子どもたちとされたわけですが、そこは「子どもたち」だけに、その特質について幼子の姿から学ぶことができるということです。それならば、その特質とはいったいどんなことでしょうか。

この場面を再度、最初から振り返ります。「さて、イエスに触れていただこうと、人々が子どもたちを連れて来た。ところが弟子たちは彼らを叱った」（一三節）。イエスのもとに子どもたちを連れて来た人々を叱って追い返そうとしたわけですから、弟子たちには幼子たちから何か学ぼうなんて気はサラサラありません。というか、幼子たちから何か学べると思ってもいません。そういう存在として人格的に関わるという感覚をまるで持ち合わせていません。小さい者に目を留めて、その人に注がれる神の恵みを味わい知って、恵みの豊かさを分かち合うという姿勢は全く欠落しています。

そして、まさしくこの部分に神の国についての弟子たちの勘違いが潜んでいます。神の国・恵みの支配は、この世の野心家が志すような強権的・高圧的な支配とは違います。神は小さい者にも目を留めて、恵みを豊かに注いでくださいます。注がれる恵みを喜び、感謝して分かち合う平和が生まれる世界です。それゆえ、そこに生きる人々は、当然のこと、小さい者にも目を留めて、へりくだって仕え合う姿勢を持つようになります。そこでなおも、神の恵みの深さを味わい知ろうと、感覚を研ぎ澄ます態度が生まれます。ところが、この時の弟子たちにはこれがありません。

それゆえ、イエスは弟子たちの態度・言動を強くたしなめつつ、言われるのです。「まことに、あなたがたに言います。子どものように神の国を受け入れる者でなければ、決してそこに入ることはできません」（一五節）。神の国について子どもたちの姿に学べ、と言うのです。しかも、入り口の話だぞ、と。今の今まで子どもたちに学ぶなんて想像すらしていなかった弟子たちにすれば、これは驚きでしょう。しかも、「まことに、あなたがたに言います」という言い方は、ただ事ではありません。直近ではこの言い方、「まことに、あなたがたに言います。ここに立っている人たちの中には、神の国が力をもって到来しているのを見るまで、決して死を味わわない人たちがいます」（九・一）と、ご自分の十字架の死からの復活とそれを指示する変貌を語る際にイエスが用いておられます。神の国について子どもたちから学べることは、それほどに重要事項なのだということです。ところが、弟子たちはその大事な基本を完全に見落としてしまっているという指摘です。もちろん、これはダメ出しというよりも、明確な招きです。

しかし、招きの言葉とはいえ、「○○でなければ、入れません」という言い方は厳しくもあり、その意味が実際どういうことなのか、気になるところです。イエスは「子どものように神の国を受け入れる者でなければ」と語っています。はたして、それはどんな意味なのでしょうか。子どもたちが素直で単純であるように、神の国を素直に単純に受け入れるという意味でしょうか。けれども、子どもたちが常に素直であるとは限りません。時と場合と個人によっては、随分と擦れてしまっていることもないわけではありません。子どもたちは物事を単純に受け取ることが多いでしょうが、中にはやたらと屁理屈をこねる子もいないわけではありません。

それならば、「子どものように神の国を受け入れる」とはどういうことなのでしょうか。これは、何か子どもたちの個人的な性格の話をしていると考えてしまうと、迷路にはまります。そうではなくて、社会的な関係の話をしていると考えれば、スッキリと共通項を見いだすことができるでしょう。すなわち、保護者なしには生活できない、保護者の保護の下で安心して生活ができるという、そういうことです。神の国に入るとは、神の恵みの保護に身を寄せることです。すなわち、恵みによる保護なしに自分は生きられないことを自覚して、恵み深い神に信頼して、自分自身を恵みによる保護に委ねることです。子どもたちが保護者なしに生きられないように、恵みの神の保護なしに自分は生きられないと認め、その保護に身を寄せて生きることです。恵みの神が保護者になってくださる、その安心に生きることです。

なるほど、これが神の国に入るということなので、子どものように受け入れなければそこに入れないというのは、ジャストミートということになります。神の国に入るということについて、幼子たちの姿から学ぶことができるというわけです。

それゆえ、神の国に入るということは、そんなに難しく考えるようなことではありません。難しく考えすぎて、恵みの招きに応えるのに躊躇して、二の足を踏んでいる方はおられないでしょうか。幼子の姿から学びましょう。神の恵みの保護に身を寄せれば、それで大丈夫なわけです。すでに恵みの保護のもとに身を寄せている私たちは、その安心感をなおも深く味わい、そこに生きる喜び楽しみを、まさに童心でもって分かち合っていくお互いでありたく思います。

52　自分のための神の国か、神の国のための自分か

〈マルコ一〇・一七～二二〉

「イエスが道に出て行かれると、一人の人が駆け寄り、御前にひざまずいて尋ねた。『良い先生。永遠のいのちを受け継ぐためには、何をしたらよいでしょうか。』　イエスは彼に言われた。『なぜ、わたしを「良い」と言うのですか。良い方は神おひとりのほか、だれもいません。戒めはあなたも知っているはずです。「殺してはならない。姦淫してはならない。盗んではならない。偽りの証言をしてはならない。だまし取ってはならない。あなたの父と母を敬え。」』　その人はイエスに言った。『先生。私は少年のころから、それらすべてを守ってきました。』　イエスは彼を見つめ、いつくしんで言われた。『あなたに欠けていることが一つあります。帰って、あなたが持っている物をすべて売り払い、貧しい人たちに与えなさい。そうすれば、あなたは天に宝を持つことになります。そのうえで、わたしに従って来なさい。』　すると彼は、このことばに顔を曇らせ、悲しみながら立ち去った。多くの財産を持っていたからである。」

　AかBか、あれかこれか、という二者択一の問題。物事を簡単に単純化してはいけないことは承知のうえですが、それでも何かを決めて動くときの最終的な課題は二者択一に絞られることが多いように思います。そして、これが人生において重要な事柄であればあるほど、その決断には思い切りが求められるでしょう。お昼のメニューをAランチにするかBランチにするか程度であるなら、そんな決断力を求められることはありませんが、進路や結婚などのこととなれば、その道を選ぶのか選ばないのか、二択の決断次第でその後が大きく変わることになるので、それは実にチャレンジングな決断となります。

　さて、主イエスに従うキリスト者の生活は、大きなことも小さなことも主イエスに従うことを旨とする生活ですから、すべてのことはこれを基盤に決断されることになります。それゆえ、主イエスに従うか従わないかは、キリスト者にとっては二択の選択肢になることはありません。むしろ、キリスト者としては、主イエスに従うという決断はすでにしているので、そこに則って生活の事柄についてどうするかを決めていくことになります。それだけに、主イエスの招きに触れる多くの人にとって、キリスト者になるという最初の決断が最もチャレンジングなハードルに感じられるかと思います。あるいは、キリスト者の家庭に生まれ育てば、最初のハードルにそこまでの高さを感じなかったにせよ、後になってあらためてそこを実感するかもしれません。いずれにせよ、だれを主とするのかとは人生の主導権の問題ですから、それは間違いなくチャレンジングな決断となります。イエスは「わたしについて来なさい」（一・一七、二・一四）と言われます。

それゆえに、せっかく主イエスの恵みの招きに惹きつけられてその入り口近くまで来たのに、いざ応答を求められると何かハードルの高さを感じてしまって、「悲しみながら立ち去った」（二二節）という人々も少なくないというのは、残念ながら偽らざる事実です。この場面に登場するとある資産家も、その一人です。しかし、やはりこのパターンは残念としか言いようがありません。イエスの招きは「神の福音」（一・一四）と呼ばれます。イエスの招きに応えて神の恵みの事実に心開くとは、生活すべてに注がれる恵みへの感謝で溢れ、恵みの神が共にいるゆえに安心で溢れ、周りと恵みを分かち合う平和が生まれ……ということですから、入り口まで来て入らないなど、もったいなさすぎです。

もし今、あなたがイエスの招く恵みの道に魅力を感じているのに何か躊躇しているのなら、まず先に申し上げておきます。恵みの道の入り口から立ち去らないでください。そして、そこで何が求められているのか、自分は何に躊躇しているのか、それは本当に越えられないのか、よく吟味していただきたく思います。大いなる祝福と圧倒的な希望を目前にしているのですから、そう簡単にあきらめないことを強くお勧めします。

とはいえ、事は人生の主導権の問題です。イエスを主と告白し、その招きに従うのであれば、主導権はイエスにあります。自分ではありません。恵みで生かされている幸いに歩むには、恵みで生かしてくださる方の前に心ひれ伏す必要があります。そこへと導く方に主導権を明け渡さなければなりません。自分で主導権を握っていると、どうしても自己中心に傾くのが私たち人間の姿です。キリスト者になるとは、そこを主イエスに明け渡すということです。それは、神の恵みの事実を前にして、自分に都合よく恵みは注がれると考えているのか、恵みに生きて分かち合うために自分は存在すると受けとめるのか、表現は微妙ですが、シャープに分かたれる課題となります。いわば、自分のための神の国と考えるのか、神の国のための自分と受けとめるのか、ということです。

それゆえに、入り口でハードルの高さを感じるのは、その意味では当然でしょう。イエスは「悔い改めて、福音を信じなさい」（一・一五）と言われます。また、キリスト者となってからもこの部分で常に成長が求められ、具体的な生活の各場面において、キリスト者となった最初の決断の意味の深さを知っていくのです。イエスは、従い始めた弟子たちに「自分を捨て、自分の十字架を負って、わたしに従って来なさい」（八・三四）と言われます。チャレンジングなイエスの招きですが、立ち去ることなく従って行くお互い、そして、恵みの豊かさにあずかるお互いでありたく思います。

自分を捨て、自分の十字架を負うこと

「イエスが道に出て行かれると、一人の人が駆け寄り、御前にひざまずいて尋ねた。『良い先生。永遠のいのちを受け継ぐためには、何をしたらよいでしょうか』」（一七節）。道は人

の往来のためにありますが、そこを往来する人には様々な目的と行き先があります。イエスが道に出て歩む目的は人々を恵みの道に招くこと、そして、現段階において明らかになっている目的地は恵みの道に招いて命を献げる場所、すなわち、ご自分の受難をすでに予告しているとおり「長老たち、祭司長たち、律法学者たち」（つまり、最高法院）のいる場所・都エルサレムです（八・三一）。その道を歩む途上に一人の人が現れて、イエスに尋ねたという場面です。

パリサイ人のような他人を陥れる悪意ある質問ではありません。「駆け寄り」「御前にひざまずいて」「良い先生」とお呼びして尋ねたということですから、へりくだりが感じられます。一生懸命です。そして、その内容は、道を尋ねる質問です。いや、道といっても、東西南北・右折左折の道路の話ではなく、人生として歩むべき道の指南をイエスに求めたということです。受難へと続く十字架の道を歩むイエスに、イエスの道がそれとは知らず、人生の道を尋ねたというわけです。そして、尋ねたい道の行き先を「永遠のいのちを受け継ぐ」と言い表しています。十字架の道を歩む方に、永遠のいのちへの道を尋ねたというわけです。これは、イエスの目的からすれば、実に的を射た質問でした。イエスが招く恵みの道には力があり、恵みを無視する世間との摩擦・受難を超えて勝利する、死にも打ち勝つ道となると語られています（八・三一、三四〜三五）。もちろん、この構図、すでにキリスト者として信仰を持っている者にとっては合点のいくことですが、当時の常識からすれば、反乱分子に対する見せしめの処刑と、死に勝ついのちの力とではギャップがありすぎる話です。イエスの道が十字架の道だと知っていたら、彼はこういう質問はできなかったでしょう。そして、まさにその点こそが、質問者である彼に逆質問として問い返されることになるのです。

そこで、話題に上った「永遠のいのちを受け継ぐ」ということですが、何のことだか明確でなくても、言葉としては魅力的な感じがします。けれども、質問者である彼とイエスの会話を理解するには、これが何を意味するのか、もう少し明確にする必要があります。ここで言う「永遠のいのち」とは、不老不死ではありません。今生きているこの生命がこの世で延々と続き、単純に時を超えて生きるというSFまがいの話ではありません。むしろ、これは、天地万物を創造して歴史を導く全能の神の統治に関する話、まさに信仰の課題です。神がすべてを治めておられる、なのに、神の前に敬虔に歩んだはずの人々が苦しみの中で生涯を終える、この現実がそのまま放っておかれて良いものか、そんなはずはない、神が治めておられるのだから敬虔に歩んだ人々にはこの世を超える報いが備えられて然《しか》るべきだという渇望・期待・告白を背景に持ち、この世を生きる生命の終焉である死に対して勝利する力として自己の存在に希望を与える神の祝福のことです。

このことについて、イエスはすでにご自分の復活を弟子たちに対して予告しつつ、希望の確かさを画期的な形で明らかにしておられますが（八・三一、九・三一）、当時の一般風潮としても、おぼろげなイメージながら何らかの形で死が打ち破られるはずだという期待があったわけです。特に、ローマ帝国の圧政に苦しむ状況下としては、そこからの解放への期待と相まって、永遠のいのちへの人々の渇望は激烈なものとなる傾向にありました。そして、この渇望の表現・待望の方法として、旧約の律法を厳守する・厳守させるという方向に進んだのがパリサイ人、また、その影響下にある多くの人々でした。おそらく、ここでイエスに尋ねている彼も、その影響下にあった一人であろうと考えられます。「永遠のいのちを受け継ぐためには、何をしたらよいでしょうか」(一七節)。

さらに、もう一つ注目したいのは、「受け継ぐ」という言葉。受け継ぐということは、すでに何らかの形で備えられていることを前提とします。財産の準備もないのに財産を受け継ぐなんてことはあり得ません。受け継ぐと言う以上は、受け継がせていただけるものの準備はあると受けとめているということです。質問した彼は、そう考えていました。そして、それに対するイエスの返答を見ても、その前提を否定してはいませんので、イエスもそこは同意しているということです。永遠のいのちは備えられている、ということです。けれども、備えられているはずの永遠のいのちを自分は受け継ぐことができる自信がないということで、彼はイエスに尋ねたわけです。少年のころから神の戒めに精通しているという、教育の行き届いた品行方正の彼でも、また、かなりの資産家で育ちのいい彼でも、そこは自信がなかったのです(一〇・二〇、二二)。教育レヴェル、経済状態、育ちの良さなどは、ここで助けにはならないということです。

さて、そこでイエスの回答ですが、彼からのあいさつに一言返して（一八節）、すぐにモーセの十戒の後半をザッと並べて、これは知っているでしょう、と語りかけます（一九節）。ユダヤ人としては、基本中の基本です。「永遠のいのちを受け継ぐためには、何をしたらよいでしょうか」という切実な問いへの回答ですから、そう分かり切ったことを言われてもと、出鼻をくじかれる感じがします。実際、彼は「少年のころから、それらすべてを守ってきました」と述べています。言われるまでもありません、と言いたいのでしょう。けれども、ここにイエスの回答のミソが一つあります。神からのいのち溢れる生活のために必要なものをどこに求めるのかといえば、やはり基本に戻らなければならない、というか、実は基本の中にすでに十分に示されているということです。

奴隷の地から解放した憐れみの神、天地創造・いのちの源なる神のもとに生きること。その方のものとなって、そのみ旨に沿って生きること。神からのいのち溢れる生活は、そこにあります。死を打ち破る復活は具体的にはイエスのみわざを待たねばならないにしても、神からのいのち溢れる生活において、死の力を超える神の統治はあらかじめ先取りして仰ぎ望むことができるということです。つまり、「何をしたらよいでしょうか」との問いに、「すでに十分な形で示されていますよ」という回答です。永遠のいのちとは、人の功績に対する報酬として獲得するものではなく、神からの恵みとして実はすでに備えられており、神の招きに応答することでそこに生きる者とされるということなのです。別の言い方をすれば、神の戒めに生きるということは、功徳を積んで見返りを得るということではなく、また、達成困難な要求のために自らの弱さを認めて憐れみを求めるということでもなく、注がれている恵みに生きるいのちに溢れて歩むということなのです。ところがこのとき、彼は戒めを守っていると言うものの、いのち溢れる生活になっておらず、平安も希望も確信もないという様子でした。ということは、戒めを守ることについての理解の仕方に問題があるということになります。もちろん、イエスはそこを見切っておられました。

「イエスは彼を見つめ、いつくしんで言われた。『あなたに欠けていることが一つあります。帰って、あなたが持っている物をすべて売り払い、貧しい人たちに与えなさい。そうすれば、あなたは天に宝を持つことになります。そのうえで、わたしに従って来なさい』」(二一節)。あれ? 「〇〇しなさい、そうすれば」という言い方は、条件を満たせば見返りに何かいただけるという、まるで功績に対する報酬のようです。貧しい人への施しによって功徳を積んで、それで見返りに何かいただけると言っているかのようです。

けれども、イエスが言おうとするのは、そういうことではありません。質問してきた彼が「何をしたらよいでしょうか」という考えの枠組みを捨てることができないでいるので、その点から取り扱うために、あえてこんな言い方をしているのです。つまり、すでに注がれている恵みに気づかされて生きればよいわけですが、功績への報酬という感覚だとそれで納得できず、何かまだ足りない気がして、注がれているはずの恵みをなおも見失うというドツボにはまります。そこを何とかするショック療法的なチャレンジが、このイエスの言葉だったわけです。すなわち、注がれている豊かな恵みに信頼して、一度、持ち物すべて手放してみてはどうかと。そして、見返りを期待できない貧しい人に分け与えて、そのようにして恵みを分かち合ってみてはどうかと。そうすれば、本当に恵みの豊かさが分かるようになるからと語っておられるわけです。そうやって恵みの豊かさを味わうことで、恵みとして与えられたいのちが活き活きと輝いていく、それがイエスに従うことなのだという、弟子の道への招きなのです。「あなたに欠けていることが一つあります」（二一節）とイエスが言われるのは、すでに注がれている神の恵みの豊かさを味わうこと、そこに信頼を置くことなのです。

それゆえ、ここで施しという、経済的な豊かさを手放して貧しい人を支援することに焦点が当てられているのは、このことが永遠のいのちを受け継ぐためにはいかなる場合にも強調されるべき条件なのだということではありません。慈善事業に寄付すれば永遠のいのちがいただけるなんて、そんな話をしているのではありません。そうではなくて、これは質問者である彼自身の課題、すなわち、恵みに生きるいのちの豊かさを味わうのに経済的な豊かさが大きなネックとなっているのをイエスが見抜かれたからです。資産家であった彼は、見るからにそういう出《い》で立ちをしていたことでしょう。永遠のいのちにあずかりたいという求めとともに、自分の資産に拠りすがる心があったはずです。けれども、自分の資産に拠りすがっていたのでは、恵みに生きるいのちの豊かさを十分に味わうことはできません。本当は資産だって神の恵みなのに、そこを認めて神にすがるというのでなく、与えられた資産を自分のものとして、それに当て込むということになります。純粋に神の恵みではなく、結局は自分の持ち物を拠り所にする姿は、恵みに生きて分かち合う歩みとはならず、恵みに生きるいのちということについて求めがあっても、それは自分のために自分が獲得するもの、いわば、自分のための神の国という感覚に陥ってしまうことになるのです。つまり、与えられている恵みを生かして分かち合う歩み・いのちという、イエスが招く本来の在り方、すなわち、神の国のための自分になるという選択ができなくなってしまうのです。

案の定、「すると彼は、このことばに顔を曇らせ、悲しみながら立ち去った。多くの財産を持っていたからである」(二二節)ということで、イエスとの会話が終わってしまいます。せっかく恵みに生きるいのちに溢れることを求めてイエスのもとに来たのに、腰を低くして一生懸命に尋ねてみたのに、ここで終わってしまうのは残念ですね。しかしながら、この彼の姿は、私たちにとって何か身につまされるものを映す鏡のようなものではないでしょうか。すでに注がれている恵みに気づかないで、恵みの豊かさに信頼することもできないで、それゆえに分かち合うほどに恵みの豊かさを味わうという招きに対して尻込みしてしまう傾向。恵み深い神よりも自分の持っている何かに当て込んで、それを手放せない、献げられない姿。イエスの招きに応えて、一歩踏み込んで神の国・恵みの支配に歩もうと決断できない姿です。キリスト者になろうかという時点で、そういう感じになっている方がいるかもしれません。

キリスト者になってからも、恵みに生きる基盤は与えられてはいても、事と次第によってはそこが揺さぶられ、チャレンジを受ける場面があるでしょう。それゆえに、これを他人事にしないで、この鏡と向き合って、そのうえでイエスの言葉に耳を傾ける必要があるのです。

「時が満ち、神の国が近づいた。悔い改めて福音を信じなさい」（一・一五）。「自分を捨て、自分の十字架を負って、わたしに従って来なさい」（八・三四）。恵みの豊かさへの信頼が十分でなく、分かち合うことができない、だから自分の持ち物にしがみついてしまう、そういうあり方から方向を変えて（悔い改めて）、イエスが語るごとくに注がれている恵みに信頼を寄せること（福音を信じる）へと招かれます。そして、それゆえに持っているものを手放し献げて分かち合う道（十字架を負って従う）が示されます。主導権は自分からイエスに移されるということです。自分のための神の国ということではなくて、神の国のための自分になるということです。このように、恵みの招きはチャレンジに満ちています。けれども、それに応えるとき、「天に宝を持つことになります」（二一節）。つまり、注がれている恵みの豊かさになおも浴し、さらに献げたものをも補って余りある恵みを神は味わわせてくださるのです。だから、「わたしに従って来なさい」（二一節）とイエスは言われるのです。

イエスの権威を心底より認めること

さて、主導権が自分からイエスに移されるということは、言い換えれば、人生の道のりにおいて導き手となるイエスの権威を心の底から認めることを意味します。形ばかり従うふりをしているだけとか、言葉で媚びへつらうだけとかいうのであれば、それは主導権の委譲でも何でもありません。導き手の権威を心底認めてこその主導権、イエスこそその方と告白して、従うことです。

この場面、とある資産家が永遠のいのちを求めてイエスを訪れますが、残念ながら去って行くという結果になってしまいます。そこで何が起きたのか、さらに深掘りするには、二人の表情と気持ちを読み取ってみると良いでしょう。

「イエスが道に出て行かれると、一人の人が駆け寄り、御前にひざまずいて尋ねた」（一七節）。質問するためにイエスを訪れた彼の表情は、真剣そのものだったでしょう。冗談半分だったり、悪意があったりするのであれば、こういう態度にはならないでしょう。そんな彼にイエスは、「あなたに欠けていることが一つあります」と告げます（二一節）。いわば、欠点の指摘です。言葉の内容からすると、そういうことになります。そこで、私たちは他人の欠点を指摘するときにどんな表情をするか、思い浮かべてみましょうか。もちろん、それは話の中身次第ですし、相手との間柄も大切な要因ですが、残念なこと・言いにくいことを述べるということです。伸びしろという肯定的な言い方もできますが、「やっぱり足りないねぇ」ということなので、満面の笑みというわけにもいかないでしょう。苦い表情、きついまなざしになることもあるでしょう。

ところが、ここで「イエスは彼を見つめ、いつくしんで言われた」（二一節）という表情です。慈愛に満ちたスマイルで見つめたということです。ここで「いつくしむ」と訳されている言葉は、「アガパオー」（無償の愛で愛する）です。しかも、原文では「彼を・彼に」が三回も出てきます。「イエスは彼を見つめ、彼をいつくしみ、彼に言われた」ということです。ひたすらに心を寄せて、愛を持って語りかける姿です。言葉としては欠点の指摘ですが、責め立てているわけではありません。むしろ、慈愛のまなざしを向けて、無償の愛で愛する心を示したわけです。指摘される欠点はあるにせよ、彼には神の戒めに従順であろうとする姿や、謙虚な態度でイエスに教えを乞う姿が見受けられます。人としての態度の良さもさることながら、それ以上に、恵みに生きるいのちを求めること自体を、欠点の有無や程度にかかわらず、イエスは喜んでおられるということです。しかも、指摘されるべき欠点を包み込む愛で、彼が求めている恵みの道にお招きになったということです。イエスのもとに恵みの道を求めていくとき、私たちの側に欠点があることは問題ではありません。むしろ、イエスはその欠点を愛で包み込み、新しく歩む道へ導いてくださいます。それゆえ、欠点があるからこそ、イエスのもとへ行くべきなのです。欠点をも御手に委ねてイエスに従いゆくとき、欠点を超えて余りある恵みの事実にあずかるのです。まさに、「神の福音」（一・一四）です。

ところが、実に残念なことに、イエスのもとを訪れて質問したこの資産家は、イエスのせっかくの招きに対して、「顔を曇らせ、悲しみながら立ち去った」（二二節）のです。イエスからの愛のまなざしを受けたのに、彼がイエスに対して向けたのは悲しみのまなざしでした。欠点をも包み込む愛によって招いていただいたのに、顔を曇らせてしまうとは、どうしたことでしょうか。資産家だけに自分の資産にすがりがちな姿が恵みに生きることを妨げているとの指摘に、そこを乗り越えて恵みの御手に委ねて立ち上がることができなかったということですが、事と次第は別にして、私たちもイエスの愛に満ちた招きに対して顔を曇らせてしまい、チャレンジに向けて踏み出すことを躊躇したり、立ち去ろうとしたり、ということがあるかもしれません。身につまされるところです。

しかし、こうなってくると、やはり問題は主導権の事柄です。イエスの慈愛のスマイルは嬉しいけれども、「わたしに従って来なさい」（二一節）と招く内容について行けず、自分のこだわりと自分自身を明け渡すことができないという姿は、結局、自分が主導権を握っていたいということです。それで、招きに対して顔を曇らせて、悲しみながら立ち去ってしまうという有様。けれども、この結果から見返すと、あの最初の挨拶はいったい何だったのかと思えてきます。この資産家の彼がイエスのもとに来て尋ねる際、挨拶の言葉として「良い先生」（一七節）と述べています。間違いはありません。確かに、イエスは良い先生でもあるでしょう。そして、駆け寄ってひざまずいて尋ねる姿勢は、彼自身がイエスを良い先生だと思っていることを示しています。少なくとも、この時点までは。しかし、もしこの言葉が本気も本気で、この方の言葉には権威があると心の底から認めていたならば、たとえ何を言われたとしても、少なくとも立ち去ることはなかったでしょう。それゆえに、そのあたりを見透かすように、イエスは念を押して言うのです。「なぜ、わたしを『良い』と言うのですか。良い方は神おひとりのほか、だれもいません」(一八節)。イエスを「良い」と言うのであれば、そこに神の権威を認めるべきであって、聴き従うのは当然のことだということです。イエスが示す恵み深い神は最善をなしたもう「良い方」、この方に権威があり、この方を示すイエスの言葉に同じく権威があり、だから、「わたしに従って来なさい」とのイエスの招きに権威があるということです。それゆえ、イエスを「良い先生」と呼ぶのであれば、何を手放すことになってもイエスの権威を心底認めて、主導権を明け渡し、聴き従う選択をするべきだったのです。

けれども、それができなかったということは、表面上、何か正解に近いことが言えたにせよ、心の底ではイエスに主導権を明け渡せない事柄があったということになるのです。

私たちもまた、イエスのチャレンジングな恵みの招きに対して、顔が曇り悲しくなる心のリアクションを覚えることがあろうかと思います。主導権が問題になるとき、すなわち、キリスト者になろうかという最初の決断に迷うときがそれに当たりますし、キリスト者になってからも明け渡すことに葛藤を感じる事柄が浮き彫りにされる経験をすることがあります。自分のこだわりを委ねることができず、恵みの豊かさへと踏み出していけない姿です。恵みを分かち合うために自分がいるという、神の国のための自分になりきれず、自分のために恵みがあるという認識にとどまっており、自分のための神の国と誤認してしまうパターンです。けれども、自分のための神の国を地で行くと、神の国ではなくオレの国に早晩成り下がっていくでしょう。そうであってはいけません。

確かに、主導権が問題になるとき、その葛藤の中で悲しみを感じます。ただ、問題は、その後です。資産家の彼は、結局、立ち去ってしまいました。すぐについて行けなかったにしても、その場で立ち尽くしたにしても、もう少し粘れなかったものかな、と思います。気持ちの上で悲しかったにせよ、立ち去らなければ、イエスの権威を拒んだことにはなりません。そのチャレンジの前に身を置いています。そのように御前にある者をイエスは慈愛のまなざしで見つめ、なおも恵みへと招いてくださいます。そこで葛藤や悲しみをも委ねて、恵みの招きに応えて主導権を明け渡すなら、まさに自分の十字架を負ってイエスに従ったことになります。そして、そういう人をイエスは愛《め》でてくださり、「天に宝を持つことになります」（二一節）との約束のとおりに恵みの豊かさを深く味わい知る者としてくださるのです。

53　神の国に入れてくださるのは神

〈マルコ一〇・二三〜三一〉

「イエスは、周囲を見回して、弟子たちに言われた。『富を持つ者が神の国に入るのは、なんと難しいことでしょう。』弟子たちはイエスのことばに驚いた。しかし、イエスは重ねて彼らに言われた。『子たちよ。神の国に入ることは、なんと難しいことでしょう。』金持ちが神の国に入るよりは、らくだが針の穴を通るほうが易しいのです。弟子たちは、ますます驚いて互いに言った。『それでは、だれが救われることができるでしょう。』イエスは彼らをじっと見て言われた。『それは人にはできないことです。しかし、神は違います。神にはどんなことでもできるのです。』

ペテロがイエスにこう言い出した。『ご覧ください。私たちはすべてを捨てて、あなたに従って来ました。』イエスは言われた。『まことに、あなたがたに言います。わたしのために、また福音のために、家、兄弟、姉妹、母、父、子ども、畑を捨てた者は、今この世で、迫害とともに、家、兄弟、姉妹、母、子ども、畑を百倍受け、来たるべき世で永遠のいのちを受けます。しかし、先にいる多くの者が後になり、後にいる多くの者が先になります。』」

就職にしても進学にしても、進路のために頑張っている学生の皆さんや家族の方々はよく分かると思いますが、入社・入学を最終的に決めるのは当然本人、けれども、入社・入学を許可してくれるのは会社側・学校側ですね。本人が先方の要求する水準に達しており、それを先方が認めてくれるかどうか、そこがポイントです。入ることが許されるかどうか、そこを決めるのは自分ではなく先方なのだということです。

それならば、神の国はどうでしょうか。神の国ですから、入国許可の決定権は神にあります。神が設けた基準とプロセス、それをちゃんと踏んだ上で入国が許可されるということです。裏口はありません。そして、その基準とプロセスは相当に厳粛な感じがいたします。確かに、イエスは「神の国に入ることは、なんと難しいことでしょう。金持ちが神の国に入るよりは、らくだが針の穴を通るほうが易しいのです」（二五節）と述べています。こう聞くと、神の国への入国はかなり難関であるように感じます。これを聞いて弟子たちも恐れ入って、「それでは、だれが救われることができるでしょう」（二六節）とリアクションします。

けれども、難関は難関でも、神の国の場合、普通とは意味が違います。難関というのは、要求される水準が高いとか、倍率が高いとか、そういうことを言うのが通常ですが、神の国の場合は違います。イエスは小さく無力な幼子を抱いて、「神の国はこのような者たちのもの」（一四節）と言われます。高い実力が求められる世界とは、随分と様子が違います。もちろん、定員があるわけではありません。「だれでもわたしに従って来たければ」（八・三四）とイエスはだれでも招き、入れる余裕は数的にはいくらでもあることを示唆します。そういう意味では、神の国は全く難関ではありません。なのに、場合によっては「らくだが針の穴を通るほうが易しい」と言われてしまうのは、神の国に招く側の問題ではなく、招かれる側の問題だということなのです。本当は難関でもないのに、入ろうとする者が勝手に難関にしてしまうということです。しかし、それならきわめて残念と言わなければなりません。神の国への入国を許可する神ご自身としては、多くの人々が入ってくるのを望んでお招きくださるのですから、遠慮しないで素直に信頼して招きに応えることが大切です。

しかしながら、神の国に入ろうとする者が自分で勝手にそこを難関にしてしまうとは、どういう事態なのでしょうか。イエスは人々を神の国に招いて言われます。「時が満ち、神の国が近づいた。悔い改めて福音を信じなさい」（一・一五）。神の国とは死後の世界の話ではなく、神の恵みの統治が受けとめられている領域すべてのことで、恵みの事実に感謝して分かち合う人々の生活によって証言されるものです。イエスはそこに人々を招くべく「わたしについて来なさい」（一・一七、二・一四）と言われます。そして、その招きに応えるには、それまで恵みを無視して歩み、わがままで傲慢であったことを認めて悔い改めることが求められます。また、そんな自分をも恵みに招いてくださる方を信頼して、恵みを分かち合う交わりへと身を献げるように促されます。ところが、そこで素直にさせない何かがあると、途端にハードルが上がり、せっかくの招きが難関になってしまうのです。

けれども神の目的は、そしてイエスの意図は、神の国への入国のハードルを上げさせることではなくて、神ご自身のみわざとして神の国への入国が人々のうちに実現していくことです。また、入国した人々がそこにふさわしく歩み続け、恵みに生きる幸いが証言されていくことです。それゆえ、恵みに生きるには確かに葛藤を覚える現実もあり、それが「自分の十字架を負って」（八・三四）従うことではあるけれども、それで「自分のいのちを買い戻す」（八・三七）ことになるのだとイエスは語り、従い始めた弟子たちを励ますのです。そして、人の実力を超えて神がそれをさせてくださるゆえに、まさに恵みなのだと語るのです。神の国に入れてくださる方、神ご自身がそのようにしてくださると信頼して歩みたいものです。

恵みによる人生の変革

「永遠のいのちを受け継ぐためには、何をしたらよいでしょうか」（一七節）。ある資産家がイエスを訪れて尋ねます。そこで、イエスは神の戒めを指し示しますが、この資産家、経済的には豊かな割に、確信も平安もありません。幼少期より神の戒めは守っていると、育ちの良さや教育レヴェルをアピールできても、この生涯を超えて神に受け入れていただけるものかどうか、心配で仕方がないようです（一九～二〇節）。本来なら、神の戒めに生きていれば、そのこと自体が神の恵みを前提にしているので、いずれにしても神の守りに信頼していけるはずなのですが、そういうわけにもいかない様子です。そこでイエスは、彼の問題の本質を見抜いて言われます。「あなたが持っている物をすべて売り払い、貧しい人たちに与えなさい。そうすれば、あなたは天に宝を持つことになります。そのうえで、私に従って来なさい」（二一節）。つまり、彼は裕福であるゆえに、失うことが怖い、自分のものは自分のものとしてキープしておきたい、そういう自分の殻を破ることができない、そういう自分を捨てきれない、富について神に委ねきっていない、神の満たしに信頼しきれていない、ということなのです。

こうした資産家の姿は、先に「神の国はこのような者たちのものなのです」（一四節）と言っていただいた幼子たちと対照的ですね。幼子たちは親にすがることなしには生きていけません。そのように親にわが身を任せる姿が神に自らを委ねる姿と重なるということです。それに対して、そこまで行き着かない資産家の姿。けれども、イエスは彼を叱りつけるということではなく、なおも、いつくしみ深いまなざしで神の国・恵みの支配へと招かれるのです。ところが、せっかく招かれた当の資産家は、イエスのいつくしみ深いまなざしに対して「顔を曇らせ、悲しみながら」去ってしまいます。やはり、自分の資産がネックになったということです（二二節）。これは、かつてイエスが語られた「種まきのたとえ」の茨の地に落ちた種のパターンそのままです。芽は出すものの、富の惑わしで結実に至ることができないという残念なものです（四・一八〜一九）。こうした姿は、神の恵みに委ねきれない人間の弱さを描き出しており、互いに身につまされることがあるかもしれません。

しかし、同時に教えられることは、そういう弱い者と承知のうえでイエスは私たちを恵みに招き、しかも、その招きは手抜きなしのチャレンジに溢れた招きなのだということです。弱い者たちだから手加減しようというわけではありません。恵みだから、どうせただというわけでもありません。招かれる者はひたすら受け身で、寝転んでいても開けた口に入れてもらえるみたいな甘やかしとはわけが違います。むしろ事情は逆で、そもそも私たちは、自分のいのち・存在をはじめ、すでに神から様々にただでいただいている事実があり、そこにどう感謝と喜びをもって応答するかが問われているのです。しかも、ただでいただきながら知らん顔をして歩んできた恩知らずな者にまで、なおも必要なものをただでくださるだけでなく、それすら認めない失礼を赦して、感謝と喜びの応答をすることができるように道を拓いて招いてくださったということなのです。もったいない、申し訳ないことです。

このことが分かると、「どうせただ」などという発想は出てくるはずはなく、むしろ、与えられたものを多くの人と分かち合いたい、そのために献げていきたいとの応答が生まれてくるはずです。それを望んでの恵みの招きであり、そのチャレンジを私たちは受けているということなのです。この資産家はチャレンジを前に立ち去ってしまいましたが、あなたはいかがでしょうか。ぜひとも、応答する方向に踏み出していただきたく思います。一度立ち去ったら、生涯二度とチャンスはないかと言えば、そういうことではありませんが、今、これを読んでいるということは、そのチャレンジの前にあなたは立っているということで、応答すべき迫りが何かあるのではないかと思うのです。

さて、くだんの資産家がイエスの招きの前から立ち去ってしまう姿を、弟子たちは眺めていました。きっと茫然と見送ったことでしょう。そんな弟子たちの心を見透かすように、イエスは「周囲を見回して」言われます。「富を持つ者が神の国に入るのは、なんと難しいことでしょう」（二三節）。恵みに生きることの実際を彼らに教える良い機会ととらえたからでしょう。自分の殻を破って、こだわりを捨てて、自分ですべてを掌握するのでなく恵みの神に委ねる姿勢を学んでほしいのだ、と。なるほど、語られるとおり、こうしたことは金持ちには難関になりがちなことでしょう。財産があることそれ自体がダメだということではありませんが、多くを持っていると、与えられたものというよりも自分で獲得した自分のものという考えに縛られ、主導権を委ねられないのが人間の姿です。

もちろん、そういう課題は財産だけでなく、別の事柄が課題になることはいくらでもあります。なので、イエスは念を押すようにして話題の範囲を一度広げて、「神の国に入ることは、なんと難しいことでしょう」（二四節）と、理解しかねている弟子たちに語ります。けれども、やはり財産は課題として典型的なものですし、何より目前で起きた出来事がそういうことですから、イエスは再び話題を戻して、「金持ちが神の国に入るよりは、らくだが針の穴を通るほうが易しいのです」（二五節）と述べるのです。

それにしても、イエスはユーモア溢れる方です。「らくだが針の穴を通る」なんて表現はインパクトが強いし、分かりやすいし、ジョークとして一級品と言えるでしょう。巨大な針穴や極小のラクダを想像すると笑えますが（これなら楽だ、なんて）、そんなものは存在しないので、言いたいことは難しさの極みということになります。一説では、「針の穴」とはエルサレム城門の夜間通用口の通称とも言われますが、イエスは言葉を続けて「それは人にはできないことです」（二七節）と述べているので、夜間通用口を通るよりも難しいことを指しているように思えます。いずれにしても、難関になってしまうということです。

それで弟子たちは驚いて、「それでは、だれが救われることができるでしょう」（二六節）と尋ねるわけです。特に、財産は神の祝福という考え方に立てば（まさにそのとおりだから、ふさわしい応答が求められるという話なのだが）、それで金持ちが駄目ならみな駄目ではないかと思えたということでしょう。

そこでイエスは言われます。「それは人にはできないことです。しかし、神は違います。神にはどんなことでもできるのです」（二七節）。なるほど難関、人には無理、ならば絶望なのかと言えば、断じてそうではない、と。最大の可能性の窓口が実は開いているのだ、とイエスは語られるのです。「神にはどんなことでもできる」ということです。まさに恵みとはこういうことです。人間がしゃしゃり出て、自分の力で自分の思うようになんてやっている間は、恵みを味わう余地はありません。「人にはできないこと」に直面して、自分の弱さ足りなさが暴露されて後に、そんな者でも「神にはどんなことでもできる」と神を見上げるならば、神は見捨てないで何とかしてくださると分からせていただける、だから神に委ねていこうという生き方が生まれるのです。

恵みを味わうとはこういうことです。すなわち、神の国に入るということです。難関に思えても、神の国に入るとは、人にできないことでも神にはできると信頼を寄せて、その恵みにすがることですから、そして、すがる者に神が恵みの深さを味わわせてくださるということですから、そこではもはや、難関が難関ではなくなっています。神の国に入れてくださるのは、ほかでもない、神ご自身。この方だからできる、してくださるということです。その恵みでもって、神は私たちの人生を恵みに生きる人生へと変革してくださるのです。

人生を貫いて変革される恵み

神は私たちを恵みに生きるようにと変革してくださいますが、それは初めの一歩だけの話ではありません。恵みに生き始めた者たちが生涯そこに生きることができるように、取り扱い、教育して、成長を与え、その意味で変革し続けてくださいます。これまた、恵みと言うべきものです。

くだんの資産家がイエスに永遠のいのちについて質問したあたりから、イエスのまなざしに注目してみましょう。すると、学びつつある恵みの道を弟子たちがなおも深く知ることができるようにとの、イエスの教育的な配慮を見て取ることができます。あの資産家との会話においては、「彼を見つめ、いつくしんで」語りかける様子を見せながら、恵みへの招きの尽きない憐れみを示し（二一節）、これに対して立ち去ってしまった彼の現実においては、「周囲を見回して」弟子たちに語りかけ、恵みに歩むことの意味の深さに気づかせようとして（二三節）、さらに、恵みに歩むことにハードルの高さを感じて驚いた弟子たちを「じっと見て」、人の限界を超える神の可能性を示します（二七節）。この機会に弟子たちも恵みに歩むことの意味をさらに深く教えられて、成長が促されていくべきだというイエスの配慮がにじみ出ていると言ってよいでしょう。

そんなイエスの前振りに釣られるようにして、ペテロが言い始めます。「ご覧ください。私たちはすべてを捨てて、あなたに従って来ました」（二八節）。自分たちを「じっと見て」語られたイエスへの応答として、「ご覧ください」と言っています。例によって、おっちょこちょいのペテロの自己アピールかなとも思いますが、立ち去った資産家にもいつくしみのまなざしを向けたイエスだから、自分たちにはさらにいつくしみ深いまなざしを向けてくれるはずだという期待感からかもしれません。「人にはできないと言われますが、自分たちはやっています」ということでしょうか、「できている自分たちは、恵みに歩んでいるということなのですね」ということでしょうか、「あの資産家は駄目でしたが、それに比べて自分たちはイケていますよね」ということなのでしょうか。いずれにしても、恵みに歩み始めたという割には、自分の実績・自分への評価に関心が強く、他人との比較でものを言いたがるあたり、まだまだ未熟で、なおも取り扱っていただく必要がありそうです。私たちの姿を鏡で見ているかのようです。

ペテロは「すべてを捨てて、あなたに従って来ました」と言っています。確かに、生業である仕事を捨てて、家族を残して、イエスについて来ました（一・一八）。さすがに弟子ですね。その献身的な姿はすごいことです。けれども、実はまだ捨てきれていない自分のこだわりがあるようです。だれが偉いかということで仲間とケンカする様子などは（九・三四）、まさにその課題をあぶり出していると言えるでしょう。イエスから「まだ分からないのですか」と言われたり（八・一七）、「下がれ、サタン」と叱責されたりもしています（八・三三）。献身的にイエスについて行くのは素晴らしいことですが、その動機の中に当時一般に期待されていた帝政ローマを打ち破る革命のメシア像があり、それで自分たちの地位や名誉を気にするということであるなら、恵みに歩むことから全くズレてしまっていることになります。メスが入れられるべき部分はかなりありそうです。

しかし、そういう未熟さを抱えているから私はもう駄目だとか、まだ駄目だとかいって、否定的になってしまってはいけません。未熟さは途上の証し、恵みに生きることに成長する伸びしろとして受けとめれば、悲観するようなことではありません。途上を悲観したら、先に進むことが難しくなります。まずは、恵みに生きる成長途上に入らせていただけたこと、そして、成長途上を歩ませていただけることが幸いなこと、感謝なことなのです。だからこそ、神の恵みへの招きが福音と呼ばれるのです（一・一五）。

それゆえ、ここでイエスは、ペテロが何を思って「私たちはすべてを捨てて、あなたに従って来ました」などと言い始めたのか、問いただすことは全くしないで、さらりと祝福を語られます。「まことに、あなたがたに言います。わたしのために、また福音のために、家、兄弟、姉妹、母、父、子ども、畑を捨てた者は、今この世で、迫害とともに、家、兄弟、姉妹、母、子ども、畑を百倍受け、来たるべき世で永遠のいのちを受けます」（二九〜三〇節）。

自分の様々なものを献げてイエスについて行くこと、それ自体が祝福だということです。神が注がれる恵みの事実に気がついて、その恵みを分かち合うこと、それが祝福だということです。そのように歩み始める人々に、神はさらなる恵みを用意してくださっているということです。

イエスの語る神の恵みは、なんと豊かなものなのでしょうか。その豊かさは、恵みに歩み始めた人々が文字どおり道の途上、未熟で欠けだらけであっても、そこを取り扱って整え、なおも恵みに歩み続けることができるように人生を貫いてその人を変革し、成長させてくださるものなのです。ペテロはここで「すべてを捨てて、あなたに従って来ました」（二八節）

と言って、自分が何かを成し遂げたか、あるいは、すでに完成品であるかのようなつもりだったかもしれませんが、後々、ボロが出てきて、まだ捨てきれていない自分のこだわりを優先し、イエスに従い恵みに生きることに背いてしまう失態さえやらかすことになります。敵対する人々さえ招くためにイエスが命をかけて十字架へと赴くとき、イエスについて行けず、イエスを否んでしまう姿をさらすことになります。しかしながら、なおもそんな彼であることを百も承知で、イエスは神の恵みの豊かさを語り、祝福の約束を示し、イエスに従い、恵みに生きるように促されるのです。途上であっても、否、途上なればこそ、神の恵みは人生を貫いて、従い始めた人々をさらにふさわしく変革するべく、豊かに注がれるものなのです。

そこまでして私たちを恵みに歩ませたく臨んでくださるのが神ご自身の姿です。神の国に入れてくださる方は、そういう方なのです。そのように信頼して歩み、文字どおり、恵みの支配に生きていきましょう。

54　従う者への豊かな励まし

〈マルコ一〇・二八～三一〉

「ペテロがイエスにこう言い出した。『ご覧ください。私たちはすべてを捨てて、あなたに従って来ました。』イエスは言われた。『まことに、あなたがたに言います。わたしのために、また福音のために、家、兄弟、姉妹、母、父、子ども、畑を捨てた者は、今この世で、迫害とともに、家、兄弟、姉妹、母、子ども、畑を百倍受け、来たるべき世で永遠のいのちを受けます。しかし、先にいる多くの者が後になり、後にいる多くの者が先になります。』」

馬の鼻先に人参をぶら下げて移動させると馬が走り出す、などという場面が漫画にあったりします。実際にそうなるのかどうかは別にして、その様子でたとえられていることは、私たちの経験上、よくあることではないでしょうか。すなわち、何かに取り組む場合、励みになるものがあれば、それが先に進む推進力となるということです。ちょっとしたおまけであっても、私たちに大きな力をくれることがあります（この原稿を書き終えたら、アイスクリームを食べようとか）。それが取り組む動機の中心でないにせよ、それでやる気がグッと上がる、苦しい場面でもやり通す力になるということです。

私たちの信仰の歩みにも、これと似た状況、そして励みになる何かがあります。確かに、励みとなる何かは、神に信頼して恵みに応えるという信仰生活の動機そのものと同等ではありません。けれども、神は私たちが弱い者であること、また、この世界には多くの妨げや葛藤があることをご存じで、ご自身に信頼する者たちの心が折れてしまわないように、むしろ困難を乗り越えて進むことができるように、励みとなるものを祝福として備えてくださるのです。

もちろん、私たちは励みとなるご褒美目当てで信仰生活を送っているわけではありません。むしろ、そういうものをもらえそうもない罪人のかしら、恵みの招きに背いて、神のみこころを痛めてきた者たちです。そもそも恵みをいただいている事実を無視してきた恩知らずです。けれども、神はそんな私たちを捨てないで、なおも恵みに招いてやまないご自身の深い愛を示してくださいました。この地上に来られたイエス・キリストの出来事がまさにそういうことなのですが、私たちはその愛に触れて、ようやく招きに応えて歩み始めたお互いです。なので、褒美のあるなしに関係なく、お招きいただいて従わせていただくこと自体がもったいなくも感謝なことです。しかし、私たちの弱さをご承知の神は、それに加えて、さらに励みとなるものを備えて励ましてくださるのです。なんと深い恩寵でしょうか。神の恵みに歩ませていただく幸いを覚えます。

それゆえ、イエスを通して語られる神の恵みの招きは「福音」と呼ばれるのです（一・一、一四）。その要約は、「時が満ち、神の国が近づいた。悔い改めて福音を信じなさい」（一・一五）ということで、この神の国・恵みの支配に歩ませるべく、イエスはご自身について来るように人々に声をかけられます。そして、その招きに応えてイエスについて行き始めた人々がイエスの弟子だというわけです（一・一七、二・一四）。イエスに従って恵みに歩む道は、間違いなく幸いな道です。注がれている神の恵みに目を留めて感謝と安心を得て、その幸いを周囲と分かち合って平和が生まれる道です。けれども、先ほどの話、ついて行く者たちは弱く未熟で、また、その周囲では恵みに逆流する世間の潮流が渦巻き、それゆえの困難に直面します。それでも、神に信頼しつつ、恵みに生きて分かち合うことに身を献げることが求められます。そうでなければ、人の欠点や世間の潮流に恵みの支配が負けてしまうことになるからです。

それで、イエスは言われます。「だれでもわたしに従って来たければ、自分を捨て、自分の十字架を負って、わたしに従って来なさい」（八・三四）。けれども、この十字架の道は、徒労に終わるものではありません。「わたしと福音のためにいのちを失う者は、それを救うのです」（八・三五）とイエスは語ります。もちろん、これはイエスが告げるご自身の復活（八・三一）に基づく勝利の共有と、従って来ることへの促しなのですが、これに加えてイエスは、死の力に対する勝利という終わりの出来事だけでなく、歩み行く途中に励みとなる祝福の豊かさを語り、ご自身について行く人々を励ましてくださいます。それゆえに私たちも、恵みに逆行する世間の中で、イエスの招きに応えて恵みに生きることができるのです。

父なる神の下さる祝福

「まことに、あなたがたに言います。わたしのために、また福音のために、家、兄弟、姉妹、母、父、子ども、畑を捨てた者は、今この世で、迫害とともに、家、兄弟、姉妹、母、子ども、畑を百倍受け、来たるべき世で永遠のいのちを受けます」（二九節）。このようにイエスが弟子たちに語られたのは、ある資産家がイエスを訪れて、「永遠のいのちを受け継ぐためには、何をしたらよいでしょうか」（一七節）と尋ねたことが契機となって交わされた会話の流れの中でのことです。質問を受けてイエスは神の戒めを指し示しますが、この資産家は神の戒め本来の土台である恵みに生きることが十分に分かっておらず、それゆえに確信も平安も希望もない様子（一八〜二〇節）。戒めについての教育を受け、表面上、それをなぞることができても、恵みが分からないと、こうなってしまいます。そこでイエスは彼のこうした問題を見抜いて、神の恵みの大きさを体験し、それに信頼することを味わわせるために、持ち物すべてを売り払い、貧しい人々に施したうえで、ご自分について来るようにと語られます（二一節）。

彼の場合、恵み深い神にすがるのを妨げているのはまさにその豊かな資産で、確かに、戒めを知っている彼だからガツガツした金《かね》の亡者ではないにせよ、神の恵みよりも自分の資産にすがりがちな姿勢に内心が知らず知らずのうちに支配されてしまう傾向がありました。それゆえ、一度、資産を手放して、神にのみ頼る姿勢を明らかにして、そこで味わえる恵みの大きさを経験するようにと、イエスは彼を導こうとされたわけです。それは、イエスの彼に対するまなざしが示すごとく、いつくしみ深い取り扱いでありました（二一節）。しかし残念ながら、イエスのこの招きの前から、彼は立ち去ってしまいます（二二節）。

そして、この出来事は、そばで見ていた弟子たちにとっては、恵みに生きることへのチャレンジをあらためて示すものでありました。恵みだから何でもただでもらうということでなく、恵みとしていただいているものを分かち合うために自らを献げるという生き方。それを可能にする神の恵みの深さ。この認識をはっきりと持ってほしいので、イエスはこの出来事を教材として用い、金持ちが神の国に入ることの難しさについて弟子たちに語ります（二三～二五節）。そして、驚く弟子たちに、人にできないことも神にはできると、難しさを超えて恵みに生きることができるように導く神の恵み深さを示します（二六～二七節）。そこで、ペテロが自分たちはすべてを捨てて従って来たと言い出したところ、それに対するイエスの返答が上記引用文として示したイエスの言葉であったということです。

ペテロが本当に「すべてを捨てて」従って来たのかは疑問符がつくところですが、イエスはツッコミを入れることなく、従う者のために神が備えてくださる祝福を語られます。「わたしのために、また福音のために、……を捨てた者は、今この世で、……受け、来たるべき世で永遠のいのちを受けます」（二九〜三〇節）と。

この世のいのちが尽きた後の話だけではなくて、今現在の生活についても言及されているところが注目されます。神の祝福は、従う者・献げる者への来世におけるご褒美に尽きるものではありません。というか、そもそも今日も命が与えられ支えられていること自体が神の恵みであって、そこから始まり、現在の生活のあらゆることに恵みが注がれているのが事実です。そのうえで、これに対する応答として従うこと・献げることへと召し出され、そこで感謝と平安が増幅されて平和が創出されるというのが神の福音です。そして、このご自身の招きに応える者を神は喜び、祝福を注いでくださるのです。しかも、それは死後の彼方での報いにとどまらず、今現在の生活における具体的な祝福で、従いゆく歩みへの大きな励みとなるものなのだ、とイエスは語られるのです。

生ける神は気前よく祝福を注いでくださる方です。それゆえ、そのように信頼することが求められるのです。そして、このことは、「網を捨てて」（一・一八）、家を離れて、イエスについて行き始めたペテロをはじめ、弟子たちへのこれ以上ないエールになるメッセージです。また、このことは、自らの豊かな財のゆえにこの世での生活に困窮しない前提でものを言う資産家の誤解のポイントがどこであったかについても、よく示しています。祝福を注ぎたもう生ける神を見上げるということ、その祝福は今現在の生活に及ぶものとして受けとめること、そして、この姿勢を生活の中で誠実に貫くことが求められているのです。

この神の祝福の豊かさ、気前のよさは、「今この世で」「百倍受け」という言葉によく示されています（三〇節）。百倍です。生ける神は、私たちから何か取り上げて喜ぶような、ケチな方ではありません。喜んで祝福を注いでくださる方なので、私たちが招きに応えて恵みに歩み始めるならば、この上なく喜んで具体的に祝福を注いでくださるのです。

けれども、ここで百倍という数字に気を取られて、一万円を献げたら百万円が返ってくるというような計算をして、そこを目当てにしたら、せっかくの恵みの世界が見返りの世界に成り下がってしまいます。ここは、そういう詐欺まがいの途方もない投機話などではなく、恵みを分かち合う際に私たちが献げる犠牲を神はご承知なのだという、神の深いいつくしみの話です。そのいつくしみにおいて、神は私たちの犠牲を補って余りある祝福を下さいますが、具体的には人間の計算を超えて、神が最善をなしてくださるということです。それは神の最善であるので、もしかしたら、私たちにとって意外な事柄かもしれません。それでも、百倍と言われる祝福なのです。そして、それに励まされつつ恵みに生きる道を進み続けるならば、そのゴールは「来たるべき世で永遠のいのちを受けます」（三〇節）ということで、これは至れり尽くせりの祝福にあずかる道なのだと語られます。

しかもイエスは、それが確実であることを強調して、「まことに、あなたがたに言います」（二九節）と念を押して、従い始めた弟子たちを励ますのです。イエスに招かれて恵みに歩み始めた私たちとて、同じこと。イエスは同様に、神のいつくしみを語り、いまだ途上の私たちを励ましてくださるのです。

ただし、ここに約束される祝福は、「わたしのために、また福音のために」（二九節）犠牲を払って献げた者への励ましであって、そうでない者にまでばらまかれるわけではありません。へりくだって恵みを感謝し、仕える思いで恵みを周りと分かち合うことへの促しとして意味を持つ約束です。恵みの招きを無視していたり、応えて歩むことに怠惰であったりしては、この祝福は意味をなさなくなります。しかも、これら祝福の数々は、「迫害とともに」受けると語られます（三〇節）。恵みの招きに応えるとき、恵みの道に逆行する世間の流れとの摩擦に耐えなければなりません。そこを回避して世間に妥協していては、この祝福の意義が見失われてしまいます。つまり、この祝福の約束は、あくまでも「自分を捨て、自分の十字架を負って、わたしに従って来なさい」（八・三四）とのイエスの招きに応える者たちへの励ましなのです。

けれども、そのようにして犠牲を惜しむことなく恵みの道に歩むならば、そこにどんな犠牲が払われたか百も承知の神ご自身が、補って余りある（百倍の！）祝福でもって励ましてくださるのです。従う者たちの犠牲を神が百も承知しているというのは、二九節から三〇節に表れています。イエスはまず、恵みに応えるべく手放すもののサンプル、すなわち「家、兄弟、姉妹、母、父、子ども、畑」（二九節）を挙げ、そのうえで、今この世で受け取る百倍の祝福のサンプルを対応させて語っておられるからです。

ただ、興味深いことに、「父」だけが抜け落ちています（三〇節）。おそらく、ここは父なる神ご自身が引き受けなさるということを暗に示しているのでしょう。そして、それだけではなく、父なる神はすべての恵みの基なる方として、ここで取り上げられた祝福を含めて、すべての祝福を注ぐ方として共にいてくださることを示していると言えるでしょう。

ちなみに、マルコの福音書においては、神を指し示す意味で「父」という呼び方が出てくるのは頻繁とは言えませんが、十字架の前夜、ゲッセマネの園でイエスが「アバ（父よ）」と祈った場面（一四・三六）など、肝心な場面に登場しており、それが回数的には多くないだけに強いインパクトを持っています。ここまでの場面では、イエスが「父の栄光を帯びて」終わりの時に再び来られることを告げる言葉の中に登場しています（八・三八）。

いずれにしても、神は恵みの招きに応える者たちの父なる方として親密な交わりを与えて、祝福を注いでその歩みを励まし、従いゆく試練の中でも支えて、終わりの時に勝利に至らせてくださる方なのです。この方の祝福の約束に信頼するとき、大きな励ましをいただいて、恵みの招きに応えて歩みゆくことができるのです。

恩寵徹底の論理

イエスに従い恵みの道を歩み行くのに神は励みとなる祝福を注いでくださいますが、それは、あの祝福、この祝福と、注がれる祝福の具体的な内容が励みとなるということだけではなく、神が祝福を注いでくださるという事実そのもの、いつくしみ深い神の圧倒的善意、すなわち、神の恩寵が励みとなるということです。そして、それが徹底して受けとめられることで、恵みの招きに応えて歩み続けることができる、とイエスは語るのです。

「しかし、先にいる多くの者が後になり、後にいる多くの者が先になります」(三一節)。恵みの道に歩むのに犠牲も惜しまず献げる人を神はご存じで、その歩みの励みとすべく具体的な祝福を注いでくださると語った後に、イエスがただし書きのようにして付け加えた言葉です。ここでイエスは何を言おうとしているのでしょうか。

このイエスの発言は、ペテロが「私たちはすべてを捨てて、あなたに従って来ました」(二八節)と述べたことに対してイエスが答えた言葉の締めに当たります。確かに、弟子たちは恵みの招きに応えてイエスについて行き始めた人々です。せっかくイエスのもとを訪れたあの資産家が恵みのチャレンジに応えきれずに去ってしまった姿とは、ある意味、対照的だと言えるでしょう。ペテロが言う「すべてを捨てて」ということについてはツッコミどころが多々あるものの、去ってしまった人とついて行っている人とでは、まるで違います。そこをとらえるならば、ペテロの発言もあながち無茶とは言えません。イエスの言葉に間髪入れずにこのように発言するあたり、お調子者の感を否むことはできませんが、ペテロが述べるとおり、イエスについて来ているのは紛れもない事実です。その内心、天下を取って偉い地位に就くことを夢見たり、仲間内で争ったり、周りの人々と比べて優越感に浸ったり、取り扱いが必要な点が多々あるにしても、何とかイエスについて来ているわけです。

それゆえ、イエスはペテロの発言を無下に退けることなく、むしろ、励みとなる神の祝福があることを語り、さらに従って来るように弟子たちを励ますのです。けれども同時に、彼らの内心に上記のような問題が渦巻いていることもイエスはご承知で、大切なこととして「先にいる多くの者が後になり、後にいる多くの者が先になります」(三一節)と付け加えるのです。自分が先頭に立っているつもりでも、高慢になったり、他の人々を見下したり、何かの見返りを要求したりということだと、恵みに生きているということにはなりません。先に弟子になったからといって、先輩面《せんぱいづら》をするわけにはいきません。むしろ、恵みに生きることに新鮮な感動を覚えて、純粋に従って行こうとする人々に追い抜かされるという事態もあり得ること、というか、イエスによれば多々起こり得ること、いわば「弟子道あるある」とでも言うべき状況になるということです。

確かに、洗礼を受けて何十年とか、キリスト者何代目とか、教会・教団の功労者の家系だとか、それ自体は祝福ですが、そこに立てこもり他人と比較して何か言い出したりすると、分かち合われるべき恵みが簡単に薄らいでいきます。逆に、小さな子どもたちの純粋な祈りや受洗後間もない方の喜び溢れる姿に大いに教えられ、刺激を受けることが多々あります。先の者が後になり、後の者が先になるという状況です。なるほど、後の者がグッと恵みに成長することは、次世代の育成・教会の成長という意味で、あるべき姿です。先の者だけ進んで、後の者がついて来ないというようなことだと、先が思いやられます。けれども、先の者が恵みに生きることからズレてしまって、結果、先の者が後になるということだと、これまた考えものです。やはり、先の者も後の者も恵みに生きて、イエスの弟子として成長することが望ましいのは言うまでもありません。

それゆえ、ここでイエスが恵みの道の後先逆転を「弟子道あるある」として述べたのは、招きに応えて恵みに歩み始めた者たちを神の恩寵に徹して歩ませるための勧告であったのだと言うことができるでしょう。恵みに歩み始めたとはいえ、まだまだ途上、そして、未熟。神の圧倒的善意・祝福注ぐ事実にすがること、恩寵に徹して歩むこと以外に、恵みの道に従い続けることはできません。そこで、多くの場合、後先逆転を見ることで、先の者は悔い改めに導かれて、恩寵に徹することを教えられることが必要となりますし、後の者は励ましを受けて奮い立ち、なおも恩寵に徹するように導かれることが必要となるのです。このようにして、恩寵の論理が徹底されることで、恵みに生きるための励ましをいただき、また、互いに励みとなって、イエスの弟子として歩んで行けるのです。

55　主が背中で語る十字架の道

〈マルコ一〇・三二〜三四〉

「さて、一行はエルサレムに上る途上にあった。イエスは弟子たちの先に立って行かれた。弟子たちは驚き、ついて行く人たちは恐れを覚えた。すると、イエスは再び十二人をそばに呼んで、ご自分に起ころうとしていることを話し始められた。『ご覧なさい。わたしたちはエルサレムに上って行きます。そして、人の子は、祭司長たちや律法学者たちに引き渡されます。彼らは人の子を死刑に定め、異邦人に引き渡します。異邦人は人の子を嘲り、唾をかけ、むちで打ち、殺します。しかし、人の子は三日後によみがえります。』」

「背中で語る」といえば、その代名詞は伝統的には「親父」でしょうか。けれども昨今、父親の背中は何を語っているでしょうか。疲れですか。苦労ですか。孤独ですか。何だかわびしい感じがしますが、現代のストレス社会においては、致し方ないのかもしれません。

しかし、「背中で語る」というときに意味するのは、本当は使命感とか責任感とか生きがいとか、そういうことではないでしょうか。多くを語らなくとも、そうしたメッセージが姿からにじみ出てくるという様子です。そして、そのように背中で語るのは何も男性に限らず、女性もまた然《しか》りということになるでしょう。聖書には、「みことばに従わない夫であっても、妻の無言のふるまいによって神のものとされるため」（Ⅰペテロ三・一）と語られてもいます。ともかく、「背中で語る」とは、大切なメッセージの言い尽くせない深みを姿と生き方が示し、それが説得力をもって迫ってくる様子のことです。その背中を追いかけてくるようにとの促しがそこにあります。

さて、マルコの福音書は、主イエスも背中で語る場面があったと報告します。「イエスは弟子たちの先に立って行かれた。弟子たちは驚き、ついて行く人たちは恐れを覚えた」（三二節）。もちろん、イエスは主なる方で、弟子たちは従う立場としてイエスについて行くわけですから、イエスが先頭に立って導かれるのは通常のことであるはずなのですが、この場面、その様子が尋常ではなく、周囲に驚きと怖れを抱かせるほどであったということです。先頭に立つその後姿の物語るメッセージが、言葉以上に説得力をもって迫ってくると言えばよいでしょうか。

それならば、ここでイエスが背中で語っているのはどんなことなのかということですが、まずざっくり言って、イエスが人々に「わたしについて来なさい」（一・一七、二・一四）と語り、ご自分とともにある神の恵みの統治に生きるようにと迫るメッセージそのものが枠組みとなります。「時が満ち、神の国が近づいた。悔い改めて福音を信じなさい」（一・一五）

ということです。恵みに生きることを見失った状態から心を向け直して（悔い改め）、なおも招いてくださる事実に信頼を寄せて（福音を信じる）歩み始めることへの招きです。これに応えることで、恵みを無視してわがままで傲慢であった罪深い歩みから、恵みに生きて感謝と安心と分かち合いに歩む道へと召し出されます。それは、恵みに生きる交わりを形づくるためにへりくだって仕える歩みとなっていきます。これは間違いなく良い知らせなのですが、恵みを知らない人の世にあっては流れに逆らうことになり、妨げや誘惑と闘うことになります。なので、イエスは「自分の十字架を負って、わたしに従って来なさい」（八・三四）と語り、また、ご自分の受難についても弟子たちに繰り返し告知されるのです（八・三一、九・三一）。

そして、この場面、その闘いの厳しさを自覚しつつ、イエスは今まで以上に向かうべき方向を意識して、そこから妥協しない姿勢を弟子たちに示されます。つまり、イエスが背中で語っているのは十字架の道だと言えるでしょう。その背中を追って来るようにとの迫りです。そうなると、私たちも弟子たちと共に強い緊張感を覚えるものですが、恵みの道に歩んで行くとはそういうことであるので、闘いの中をもイエスを追って進みたく思います。しかし、イエスに従うそのとき、まずイエスが先頭切って進んで行くその背中は、困難を超えて道を切り拓いていく頼もしさに溢れていることを知るでしょう。イエスが背中で語るメッセージの中心はここにあります。

イエスに従う者たちの十字架

「さて、一行はエルサレムに上る途上にあった。イエスは弟子たちの先に立って行かれた。弟子たちは驚き、ついて行く人たちは恐れを覚えた」（三二節）。ここに、イエスと弟子たちが向かっている目的地が明記されています。もちろん、イエスご自身はどこを目指す旅であったのか、あらかじめ自覚した上でのことですが、弟子たちにとっては何となく雰囲気を感じ取ってはいたものの、受けとめきれない思いの中で行き先がはっきりするのを恐れていたのでしょう。それが、ここでイエスの態度から本当にはっきりしてしまったので、恐怖を感じたということでしょう。そして、それでもイエスが先頭切って向かっていく姿勢を見せたので、驚いてしまったというところでしょう。そんな彼らにイエスは、「ご自分に起ころうとしていることを話し始められた」（三二節）のです。

イエスとしては、驚き恐れる弟子たちがそうした感情のブレを越えて、正確に今後のことを知った上でなおも従う意義を受けとめることができるようにと願って、ご自分の受難について彼らに語ります。「イエスは再び十二人をそばに呼んで」（三二節）という様子は、このことについて懇切丁寧に語るイエスの心をよく示しています。これは、私たちをも弟子の道へと召し出すご自身の導きとその心を示していると言えるでしょう。イエスは、従う者たちをご自身の傍らに呼び寄せて、懇切丁寧に語ってくださる方です。

しかしながら、その話題はご自分の受難、そして、従う者たちの十字架の道。やはり、身震いするような内容です。思い起こせば、イエスの受難の告知は今回が初めてではありません。マルコの福音書が直接に記録しているだけでも、イエスご自身による受難告知は、これで三回目です。

最初は、ガリラヤ最北端、ピリポ・カイサリアにてペテロの「あなたはキリストです」(八・二九)との発言を受けてのこと(八・三一)。その次は、ガリラヤを通るカペナウムまでの道中で(九・三一、けれども「イエスが弟子たちに教えて……言っておられた」という言い方なので、本当は何度も繰り返されていることがほのめかされている)。初めて聞かされたときには、あまりの衝撃にイエスの受難告知を否定するなど、激しい反応を弟子たちは示したのですが(八・三二)、次に出てくる受難告知の場面では、弟子たちは困惑し、怖くて質問もできない状態になっており(九・三二)、そして、今回の発言。

これだけ繰り返されてくると恐怖心も募ってきます。願うことなら告知される受難は事実ではなく、観念か比喩か何かであってほしいぐらいに思っていたでしょう。それなのに、イエスのこの毅然とした態度、そして、受難に向かって一歩も引かず先頭切って進んで行く背中から厳しい覚悟を見せられます。しかも、ここまで通って来た旅路はガリラヤ最北端からガリラヤ中部を経てユダヤとヨルダンの川向こうに至り(一〇・一)、ここに来て、エルサレムに向かっていることがはっきりするので(三二節)、ついて行く弟子たちとしては「やっぱりか」とため息が漏れるような心持ちだったでしょう。「ご覧なさい。わたしたちはエルサレムに上って行きます」（三三節）と、イエス自身が語られます。

最初の受難告知の時から「長老たち、祭司長たち、律法学者たちに捨てられ」（八・三一）と語られていたので、受難の場所はエルサレムだと示唆されてはいたのですが、徐々に現地に近づいていく道のりは心重く、ここで本当に現地到着が迫ってきて、弟子たちの心に強烈な戦慄が走ったと考えられます。

しかし、イエスはひるむことなく、ご自分の受難へと向かって進む姿を弟子たちに見せながら、その背中でもって十字架の道を歩むことの意味と可能性を示されます。間違いなく戦慄を覚える道のりであるのに、主であるイエスは進んで行かれます。ということは、それだけにイエスが招く神の国・恵みの支配は力強く、いかなる妨害や反発をも乗り越えさせるのだということが証しされます。無理やり連れて行かれるのでもなく、無理だと思って逃げ出すのでもなく、受難を分かっていてもなお自ら進んで行く姿です。

恵みの招きに生きる道は、この方が先立ってくださる道です。言葉だけではなく、実際に先立って行く姿を見せてくださっています。それゆえ、この方を主と仰ぎ、招かれた恵みの道に歩む弟子となるのであれば、先立つ主イエスについて行く、すなわち、「自分を捨て、自分の十字架を負って、わたしに従って来なさい」（八・三四）とのみことばに生きるということになるのです。そして、先立つ主イエスの背中は、ついて来るようにと説得力をもって迫ってくるのです。

それにしても、恵みの道が十字架の道として弟子たちに繰り返して語られるのは、どうしてなのでしょうか。繰り返し語られるのは大切なことであるからなのですが、同時にそれがきちんと分かってもらえないからだと言えるでしょう。

弟子たちとしては、自分たちがついて行っているイエスがその使命のゆえに苦しみを受け、殉教の死を遂げるなど、考えたくもないことでした。むしろ、自分たちがイエスについて行く動機として本音のところでは、世間一般で待望されていたメシアのイメージ、すなわち、ローマ帝国の圧政から解放してくれる革命のヒーローという虚像を多かれ少なかれイエスに投影して、革命成功の暁にはイエスが天下人で、自分たちは一番手、二番手の家臣というような妄想を抱き、ゆえに、関心事は自分たちの中でだれが偉いのかということだったと思われます（九・三三〜三四）。確かに、ガリラヤの庶民であった自分たちが「力のある方」イエス（一・七）に召し出された喜び、イエスが説く恵みの道の幸いと勢いを間近で見て経験した驚き、恵みの道がもたらす癒やしと解放の意味の深みなどによって、ある程度の認識の変化はあったでしょうが、社会環境や生育歴に基づく世界観は拭い去りがたく、熱心党ほどに急進的でないにせよ、世間一般のメシア像に引きずられてしまう傾向が弟子たちにはあったわけです。それゆえ、人々を恵みの道に招いて殉教の死を遂げるというイエスの告知は受け入れがたく、むしろ、自分たちの中でだれが偉いかということだけでなく、〝よそ者〟が自分たちの真似をすると非難したり（九・三八）、弱い立場の人に上から目線で接したりという（一〇・一三）、やたらと自分たちの地位や力関係を気にする姿を露呈することになってしまうのです。恵みに生きて分かち合う交わりを建て上げるためにしもべとなって尽くす、ということができない様子です。

大切なことなのに分かっていないので、イエスはご自身の受難と弟子の道としての十字架の道とについて繰り返し語られるのです。言葉だけでなく、その背中でもって語ってくださるのです。けれども、繰り返していただけるということは見捨てられてはいないということで、その意味では弟子として幸いなことであると言えるでしょう。

しかし、やはり十字架の道と言われると恐れで足がすくみます。なので、イエスはご自分の受難について語る際には、そこを突き抜けてよみがえることをも告知します。「しかし、人の子は三日後によみがえります」（一〇・三四）。十字架は十字架で終わるわけではありません。だから、受難を分かっていても、進むことができるのだ、ということです。先頭に立って進むイエスの背中は、そのことも物語ります。

もちろん、弟子たちはイエスの受難すら受けとめきれていませんから、この時点でイエスの復活について理解ができたというわけではないでしょう。けれども、否、だからこそ、この時点でよみがえりをも物語るイエスの背中は、従って来るようにとのインパクトを彼らに残したはずです。

さらに思い起こすべきは、弟子たちに求められていたことが「自分の十字架を負って」(八・三四)ということだったことです。イエスに従って恵みに生きる各現場で出合う事柄に応じて、他人ではなく自分への召しに従って、恵みを分かち合う交わりに仕えることを選び取ることです。それは、小さい者を受け入れることであったり(九・三七)、富への執着を手放して献げることだったり(一〇・二一)、現場によって様々ですが、恵みの分かち合いに自らへりくだって力を尽くし、犠牲をも惜しまない生き方です。最初からできない相談ではありません。恵みに心向けるなら、開かれてくる歩みです。

ただ、その向かう先にイエスの十字架、さらには、復活の姿があるということです。「自分の十字架を負って、わたしに従って来なさい」(八・三四)と語り、自ら受難へと赴くイエスの背中は、恵みに生きるようにとチャレンジしてやまないご自身のお心を示しています。そこに私たちはどのように応えているでしょうか。

イエスが背負うリアルな十字架

旅の目的地がエルサレムであると明確に示して一行の先頭に立って進むイエスの後ろ姿は、弟子たちに「自分の十字架を負って」なおもイエスに従うようにと促しますが、もちろん、十字架を負うのは弟子たちだけではありません。イエスもまた、ご自分の十字架を背負います。というか、実際に十字架の道を切り拓いていかれます。すなわち、恵みの招きは、それを理解しない世間では反対や妨害に遭います。それでもなお招き続けるなら、迫害と受難は実際のこととなるのです。

そのようにしてイエスは、十字架を負うとはどういうことか身をもって示すだけでなく、恵みの招きを拒む人々の罪を背負い、また、恵みの招きを貫くために負うべき「自分の十字架」を負えなかった弟子たちの弱さと罪深さも背負われるのです。それゆえ、そこへと向かうイエスの背中は、従う者の重荷をも背負う憐れみで本当は溢れていたのだと言えるでしょう。わたしが背負うから、ついておいで、と。

「ご覧なさい。わたしたちはエルサレムに上って行きます。そして、人の子は、祭司長たちや律法学者たちに引き渡されます。彼らは人の子を死刑に定め、異邦人に引き渡します。異邦人は人の子を嘲り、唾をかけ、むちで打ち、殺します。しかし、人の子は三日後によみがえります」（三三～三四節）。このイエスの発言、マルコの福音書が記録するイエスの受難予告の言葉としては三回目に当たります（実際には何度も繰り返し語られたと示唆されている）。しかし、今回は今までと違い、受難の様子がかなり具体的に描かれています。今までの言い方だと、エルサレムで人々の手に渡されて殺されるというところまでは語られますが、どんな方法で殺されるのかまでは不明です。けれども、ここでようやく殺害方法は石打ちでも火あぶりでもなく、十字架なのだとはっきりします。エルサレムで祭司長たちが「死刑に定め、異邦人に引き渡し」、「むちで打ち、殺します」というのは、撲殺ではなく、むち打って十字架につけるということです。ローマ帝国の死刑法に則るということです。こうなってくると、十字架を負うということで語られてきたのは比喩や観念ではなく、実社会の出来事なのだということがはっきりします。

他国を制圧した征服者は支配権を確立するために軍の駐留、総督府の設置、貨幣の統合とともに、死刑執行権の独占を実行するのが常ですが、ローマ帝国もユダヤに対して同様のことを行っています。十字架刑とはまさしくそれで、支配地域において反乱分子を抑え込むための見せしめとして、反逆罪と見なされた人々が処せられる死刑です。見せしめとして効果を上げるべく、徹底的に残酷な仕打ちにさらすというものです。さすがに残酷に過ぎるので廃止にしようという声もあったようですが、貧困層に対しては見せしめの効力から適用され続けたというのが十字架刑です。人間の社会構造に潜む罪の結果の最たるものと言ってよいでしょう。これによってイエスは殺されるというのです。

もちろん、イエスはローマ帝国に対抗する反乱分子ではありません。むしろ、恵みによる和解を呼びかけて、国家や民族をも超える悔い改めと信仰に人々を招いたわけです。ところが、ユダヤ人の祭司長たち、長老たちの妬みを買ってローマ帝国に引き渡され、事実無根であるけれど、反逆罪という口実が設けられて、十字架刑に処せられることになるのです。せっかくの恵みの招きに対して、このような不当で残酷な仕打ちでもってそれを拒み倒す姿に、人間の罪はどこまで深いのかと思わされます。イエスの十字架はそこを暴露します。しかし、同時に暴露した罪を背負います。強いられてでもなく、逃げ出すわけでもなく、抵抗するわけでもなく、自らそこへと赴く姿がそれを示します。十字架の苦難に向けて、あらかじめ承知のうえでエルサレムに上るイエスの背中は、こうした人々の罪を背負ってまで悔い改めを迫り、恵みに招くという、命がけの憐れみで溢れていたと言えるでしょう。

そして、そうした心持ちを秘めつつも毅然としてエルサレムへと向かうイエスの姿に恐れ入った弟子たちは、それでも招かれたとおりに何とかイエスについて行こうとしますが、結局は身勝手なメシア像に引きずられ、怖れにも負けて、ついて行けなくなります。イエスにすべて背負わせて、事実上、恵みに歩む道を放棄します。ここにも一つ、人間の罪深さが露わになりますが、イエスはこれをも背負って十字架へと自ら赴くのです。この受難予告の時点で、弟子たちは自分たちに何が起こるか見当もつかなかったでしょうが、イエスはそこをも踏まえて、エルサレムに向かうその背中でもって、ついて来ることのできない弟子たちの罪と重荷を背負い、なおかつ悔い改めて従って来るようにと語りかけていたのだと言えるでしょう。

イエスが進む先にある十字架は、リアルな十字架です。イエスが進む十字架の道は、実社会の中で十字架刑に処せられる事実に向かって進む道です。拒絶されても人々を恵みに招いて命をかけて、すべてを背負って悔い改めを迫る道です。それだけの使命感、そして、それを支える愛がなければ歩めない道です。私たちを恵みに招くため、ここまでのことをしてくださったということです。同時に、私たちを恵みに招くイエスの熱意は、十字架刑の脅しによっても突き崩すことができないということです。その意味で、イエスによる恵みの招きは十字架で勝利を収めるのです。

そして、イエスの復活の予告がそれを裏づけます。私たちが「自分の十字架を負って」イエスに従い、恵みに歩むことができるとすれば、私たちのためにリアルな十字架を背負ってくださったイエスの愛と勝利にすがる以外に道はありません。十字架の道に先立って進むイエスの背中は、この愛と勝利を物語りつつ、ついて来るようにと私たちを促すのです。

56　主イエスが来られたのは何のため？

〈マルコ一〇・三五〜四五〉

「ゼベダイの息子たち、ヤコブとヨハネが、イエスのところに来て言った。『先生。私たちが願うことをかなえていただきたいのです。』 イエスは彼らに言われた。『何をしてほしいのですか。』 彼らは言った。『あなたが栄光をお受けになるとき、一人があなたの右に、もう一人が左に座るようにしてください。』 しかし、イエスは彼らに言われた。『あなたがたは、自分が何を求めているのか分かっていません。わたしが飲む杯を飲み、わたしが受けるバプテスマを受けることができますか。』 彼らは『できます』と言った。そこで、イエスは言われた。『確かにあなたがたは、わたしが飲む杯を飲み、わたしが受けるバプテスマを受けることになります。しかし、わたしの右と左に座ることは、わたしが許すことではありません。それは備えられた人たちに与えられるのです。』 ほかの十人はこれを聞いて、ヤコブとヨハネに腹を立て始めた。そこで、イエスは彼らを呼び寄せて言われた。『あなたがたも知っているとおり、異邦人の支配者と認められている者たちは、人々に対して横柄にふるまい、偉い人たちは人々の上に権力をふるっています。しかし、あなたがたの間では、そうであってはなりません。あなたがたの間で偉くなりたいと思う者は、皆に仕える者になりなさい。あなたがたの間で先頭に立ちたいと思う者は、皆のしもべになりなさい。人の子も、仕えられるためではなく仕えるために、また多くの人のための贖いの代価として、自分のいのちを与えるために来たのです。』」

「わたしが来たのは、正しい人を招くためではなく、罪人を招くためです」（二・一七）。イエスはかつて、ご自分が来られた目的をこのように語りました。それは、人間社会と各個人の罪深さのゆえに神の恵みに生きるという本来のあり方を見失っていた人々を招いて、恵みに立ち返らせるということです。神の国の福音を宣べ伝える活動の最初から、このようにイエスは語り、語る以上に実践してこられました。ご自身が悔い改める人々と同じ立場に立つバプテスマを受けることが出発点だったことからして、この目的は明らかです。そのうえで、人々が恵みに心を向け直してへりくだり、イエスに信頼してついて来るように、すなわち、恵みに生きる交わりに仕える者たちとなるようにと招いてこられたわけです。

そして、ここに来てさらに、ご自分が来られた目的について次のように語ります。「人の子も、仕えられるためではなく仕えるために、また多くの人のための贖いの代価として、自分のいのちを与えるために来たのです」（四五節）。

いずれの発言も主イエス来臨の目的を語るのですから、相互に矛盾しているはずはなく、同じことを述べていると考えるのが筋でしょう。あるいは、後者のほうがより詳しく、内容を深めて言い表していると言えるでしょう。人々を神の恵みに招いて立ち返らせるために「自分のいのちを与える」ということです。つまり、この目的のために命をかけると言っているのです。命がけの目的ですから、その意義を見間違えてはいけません。

そこで大切になってくるのは、恵みに招いて立ち返らせるとは観念や心情に尽きることではなく、具体的な生活と交わりの姿のことで、いわゆる一つの政治の形と言えることなのだということです。政治といえば国政とか地方行政とか国際政治とか、世間一般のテクニカルな話をすぐに連想しがちですが、イエスが宣べ伝えているのは、恵みで治められる神の国、その統治ということです。世間一般で言う政治よりも広く深く根本的で、それでいて日常に具体的に細やかに浸透して、人の生活を治め導くものです。

別の言い方をすれば、人の暮らしはすべて政治的なものですが（人は関わり合って生きる存在であり、互いに計画や約束事を定めたり、時間や物品、金銭などを共有して互いのために使ったりするゆえ）、そこに神の恵みが注がれており、その事実に心開くとき、恵みを分かち合う生き方と交わりが生まれていくということです。これこそ人本来のあり方、いのちを与えて生かしたもう神のみこころということで、イエスはここに人々を招くべく「時が満ち、神の国が近づいた。悔い改めて福音を信じなさい」（一・一五）と呼びかけて、この招きに命をかけなさるのです。

このイエスの招きに応えて歩み始めたのが弟子たちですが、何とも世間は恵みに反する流れが強く、どうしても妨害や誘惑を受けることになります。つまずきも起こり得ることです。それでも人々を恵みに招くとなれば、受難は必至。しかし、イエスは進み続けます。招きを拒む人々の罪を背負い、命を捨ててでも招くという覚悟を示します。そして、ついて来るようにと弟子たちを励まします。それによって、つまずくだろう弟子たちの弱さも罪も背負って命を捨てる姿を見せていくことになります。

さらに、その死を突破してよみがえることも告げられます（八・三一〜三八、九・三一、一〇・三二〜三四）。恵みの統治は、そのようにして開かれていくのです。そして、弟子たちと同じく、私たちも恵みの統治にあずかって生きるべく、イエスに命がけで招かれているのです。それならば、実際、この恵みの統治はどのようにしてもたらされるのでしょうか。

権力構造に弱い人間の罪深さをあぶり出す

イエスは「人の子も、仕えられるためではなく仕えるために、また多くの人のための贖いの代価として、自分のいのちを与えるために来たのです」（四五節）と、ご自分が来られた目的について語りますが、その直前に世間一般の政治における権力構造について述べています。「あなたがたも知っているとおり、異邦人の支配者と認められている者たちは、人々に対して横柄にふるまい、偉い人たちは人々の上に権力を振るっています」（四二節）。ここに一つの対比が示されているのは明らかです。

さて、この対比から見ると、イエスが世間一般の権力構造に対して一線を引き、神の国のあり方・恵みの統治と区別しているのは確かなことです。しかし、イエスが権力そのものを否定したというわけではありません。権力そのものは物事を治め、人々をまとめるのに必要です。権力という言い方をすると昨今では煙たがられる傾向があるので、リーダーシップとか、マネジメントとか、オーソリティとか、片仮名を使ってやんわりと表現しようとしますが、本質は同じことです。どう表現しようが、社会を形成するのに大切であり、大切なだけにデリケートで駄目になりやすい、罪に汚染されやすいものだと言えるでしょう。抑圧、争い、妬み、復讐、倍返しと、権力をめぐる罪深い事象は枚挙にいとまがありません。しかも、これらは遠い世界の話ではなく、日常生活に関わる身近な事柄です。それだけに、何とかしなければならないでしょう。

権力が本来の目的にかなって社会の形成に有益であるためには、人間の罪深さがあぶり出されなければなりません。そして、悔い改めがなされなければなりません。イエスが世間一般の権力構造と区別して恵みの統治を主張するラインはここに引かれます。神の恵みの事実から外れてしまっている世間一般では、残念ながら権力構造をめぐる罪深い状況があるのは事実ですが、そこから悔い改めて恵みに生きる道を進み始めた者たちはその違いを自覚しなければならないと、イエスは弟子たちに語られます。横柄に権力を振るう世間の権力構造を指摘したうえで、「しかし、あなたがたの間では、そうであってはなりません」（四三節）とイエスは語られるのです。

ということは、イエスは何も直接に社会全般の改革を意図したのではなく、恵みを知らずに罪の中を歩んでいる人々に悔い改めを迫り、恵みに立ち返らせて、恵みの統治にあずかる人々の共同体を形づくることを意図していたということなのです。すなわち、恵みを分かち合う交わりに仕える弟子たちの群れを形づくること、そして、罪に汚染されやすい世間一般の権力構造に対して、弟子たちの群れの姿が恵みの統治を証しできるようになることをイエスは望んでおられたのです。

しかしながら、そう一筋縄ではいかないのが人間のややこしさ、というか罪深さ。恵みの招きに素直に応答しない世間はもとより、応答し始めたはずの弟子たちさえ、権力構造に巣くう罪に惑わされて、イエスに従う意味を取り違えてしまう有様です。ここでは、ヤコブとヨハネが兄弟して自分たちに高い地位を授けてくれるようにとイエスにせがんでいます。「あなたが栄光をお受けになるとき、一人があなたの右に、もう一人が左に座るようにしてください」（一〇・三七）。

彼らが高い地位を望む背景としては、権力を欲しがる人間一般の傾向もさることながら、紀元一世紀ユダヤ・パレスティナにおけるメシア待望のねじれが深く関わっています。古代の大国の攻防の狭間で翻弄されてきた地域であり、その当時は帝政ローマが東のライバル、パルティアに対する防衛戦線を固めるために圧力をかけてくる状況下で、そうした苦難からの解放を超自然的な力で実現する革命の英雄像をメシアと称して切望する潮流が一般的でした。具体的なメシア像や切望の仕方は一枚岩ではないものの、そうした一般的な風潮を背景に弟子たちも生きてきたわけです。イエスと出会い、その招きに応えて従い始めてはいますが、一般的なメシア待望に引っ張られて、そのイメージをイエスに投影する傾向は抜きがたいものがありました。弟子たちとしては、革命成功の暁にはイエスが天下人、自分たちは一番弟子、二番弟子として高位に就くことができると暗に期待していたと考えられます。

それゆえに、ここまでの旅路でも、弟子たちは自分たちの中でだれが一番偉いかと口論したり（九・三四）、自分たちの承認する仲間なのかどうかに目くじらを立てたり（九・三八）してきたわけです。また、メシアとの告白を受けたイエスがご自分の受難を語り始めると、それを躍起になって否定したあたりにも同じ発想が見受けられます（八・二九〜三二）。もちろん、こうしたことはイエスの意図とは逆行することで、そのたびにイエスは忍耐をもって弟子たちを正していかれます。イエスが招く恵みの統治に生きるとは、世間一般のねじれたメシア待望のごときものではなく、神の恵みの事実を周囲の人々と分かち合う交わりの形成に仕えることなのだ、と事あるごとに薫陶していかれます。それでもなお、弟子たちはピンときておらず、今回、かなり露骨な感じで彼らの野望が発言として表れてくることになったわけです。

さて、この場面、イエスがご自分の受難について語り、その舞台となるエルサレムに向けて先頭切って進む姿をお示しになった直後（三二〜三四節）、高位をイエスにせがむヤコブとヨハネの姿が描かれています（三五〜三七節）。このギャップ、意識の差は何でしょう。イエスがご自分の受難について語るのは、イエス自身の言葉として記録されている場合だけでも、これで三度目です。自分たちの野望とは矛盾していることぐらい分かりそうなものですが、見えなくなってしまうものです。これは弟子たちだけでなく、もしかしたら、私たちも身につまされる課題かもしれません。イエスの意図と逆行する何かを抱えながら、それでもイエスについて行っているつもりでいる様子です。自分の理想をイエスに押しつけて、投影している様子です。

けれども、イエスは弟子たちを見捨てることなく、忍耐強く付き合いながら、会話の中で彼らを薫陶していかれます。「ヤコブとヨハネが、イエスのところに来て言った。『先生。私たちが願うことをかなえていただきたいのです。』イエスは彼らに言われた。『何をしてほしいのですか』」（三五〜三六節）。何気ない会話、「お願いがあります」と「何ですか」ということですが、ここにイエスの忍耐と憐れみに満ちた導きがあります。イエスはヤコブとヨハネが改まって何を願いに来たのか、予想はしていたでしょう。けれども、何をしてほしいのか言ってごらんなさい、と彼らに尋ねなさるのです。いきなり却下ではありません。言わせてくださるところに憐れみが見えます。しかし、同時に明確に言葉にさせることで、認識の間違いを指摘することができます。さすがです。と、感心しますが、同じようにしてイエスは私たちをも取り扱ってくださるのです。

何をしてほしいのかと尋ねられて、何と答えましょうか。ヤコブとヨハネは、ここぞとばかりに野望も露わに要求します。「あなたが栄光をお受けになるとき、一人があなたの右に、もう一人が左に座るようにしてください」（三七節）。イエスが栄光を受けることを想定した要求です。これはいったい何を述べているのでしょうか。確かに、これまでにもイエスはご自分の受難を予告するとき、必ず、受難を経て復活することを語ってきました（八・三一、九・三一）。今回も例外ではありません（三四節）。それゆえ、イエスが栄光を受けることを想定したこの要求は、そこを踏まえてということかもしれません。それならば、ヤコブもヨハネもイエスの受難告知を受け入れていたということでしょうか。しかし、続くイエスの問いかけを見ると、どうも怪しい感じがします。「しかし、イエスは彼らに言われた。『あなたがたは、自分が何を求めているのか分かっていません。わたしが飲む杯を飲み、わたしが受けるバプテスマを受けることができますか』」（三八節）。したがって、彼らはイエスの受難告知を額面どおり受け取っていたのではなく、精神論か何かに解消して解釈していたと考えられます。

実際、「十字架を負う」とは、熱心党などがゲリラ活動に立ち上がる際に、覚悟を決めるセリフとしても使われていた言い方です。それならば、イエスが栄光を受けるという言い方によって、ヤコブとヨハネは何を連想していたのでしょうか。最も考えられる可能性としては、しばらく前にイエスと共に山に登り、その頂上でイエスの姿が栄光の姿に変わったという、あの出来事でしょう（九・二〜八）。もちろん、それはイエスの復活をあらかじめ暗示するものですが、彼らとしては受難告知と具体的に結びつかない印象を持ったと考えられます。

そして、あのときにイエスと一緒に山に登ったのは、ヤコブとヨハネ、そして、ペテロの三人でした。ところが、ここでイエスに高位をせがんでいるのは、ヤコブとヨハネの二人。ということは、この二人兄弟、結託してペテロを出し抜き、弟子集団の一番手、二番手にのし上がろうとしたのではないかと考えられるのです。こうなると、まさしく「自分が何を求めているのか分かっていません」ということになります。イエスが招く恵みの統治に生きるとは、恵みを分かち合う交わりに仕えることであって、出世を狙ってだれかを出し抜くことではないからです。

このように本音を露呈したヤコブとヨハネに対して、イエスはご自分の姿勢でもって彼らの誤りを指摘し、彼らをたしなめられます。「自分が何を求めているのか分かっていません」と言われて逆に粋がる彼らに、後々、彼らも本当の意味でイエスに従うことになると告知しつつ、やはり、それは受難回避で栄光に至るのではなく、イエス同様、受難を経ての栄光だと念を押します。「わたしが飲む杯」、「わたしが受けるバプテスマ」を通るということです（三九節）。さらに、そのようにして栄光の座に着いてもなお、だれが側近かを決めるのはご自分ではないと、その権限を手放して委ねるへりくだりをイエスは示されます。「しかし、わたしの右と左に座ることは、わたしが許すことではありません」（四〇節）。このようにして、イエスは彼らの権力志向とその背後にある罪深さ、恵みの統治に生きていない姿をあぶり出されるのです。

ところが、この会話の後で一つ事件が勃発します。そして、なおも分かっていない弟子たちの姿が露呈します。「ほかの十人はこれを聞いて、ヤコブとヨハネに腹を立て始めた」（四一節）。不穏な空気が流れていますね。それにしても、なぜ他の弟子たち十人にヤコブとヨハネのことが知れたのでしょう。こっそりとイエスにせがみに行ったつもりが、実は他のだれかにつけられていたのでしょうか。そうであるなら、ヤコブとヨハネは日ごろからマークされていたことになります。あるいは、イエスにたしなめられたにもかかわらず、ヤコブとヨハネは自分たちが優位に立ったと勘違いして吹聴したのでしょうか。

いずれにしても、ヤコブとヨハネだけでなく、弟子たち全員、出世欲の塊、権力構造に潜む罪の罠にかかってしまっていることになります。おそらく、その中でも一番怒っていたのは、ヤコブとヨハネに出し抜かれたペテロではなかったかと想像できます。しかし、いずれにせよ、イエスがヤコブとヨハネをたしなめてくれたのですから、それで事が収まるはずなのですが、それでも腹を立ててしまうのは地位・名誉・格付けへのこだわりが侵害される不愉快さのゆえでしょう。まさしく権力構造に弱い人間の罪深さ、推して知るべし、ということです。その点、あなたはいかがですか。

こうした者たちにイエスは、「あなたがたも知っているとおり、異邦人の支配者と認められている者たちは、人々に対して横柄にふるまい、偉い人たちは人々の上に権力を振るっています。しかし、あなたがたの間では、そうであってはなりません」（四二～四三節）と語られるのです。イエスの弟子となって恵みに生きる人々は、この世の権力構造の中でランキングを気にすることから解放されなければなりません。どんな立場・状況にも注がれる神の恵みを信頼して喜び、それを分かち合う交わりを形づくることに仕えるわけですから。権力を握って高慢になったり、権力に届かないゆえに卑屈になったり、権力をめぐって相争ったり、他人を欺いたり出し抜いたりと、そういう縛りから自由でなければなりません。けれども、自分でそうなれないのが人間の罪深さ。それゆえ、イエスは恵みへの招きの言葉と自らの姿でもって私たちのそうした罪深さをあぶり出して、悔い改めを促します。恵みの招きへの応答を拒む人々の罪深さがご自分を十字架に向かわせると、はっきり示されます（三三～三四節）。「人の子も、仕えられるためではなく仕えるために、また多くの人のための贖いの代価として、自分のいのちを与えるために来たのです」（四五節）。罪深い私たちのためにご自分のいのちを差し出すことまでして、私たちに罪を悟らせて悔い改めに招く姿です。そこまでしないと分からないほどに私たちの罪は深く、そこまでしてでも分からせたいほどにイエスの愛は深いということです。ご自分はこのために来たのだ、とイエスは語られるのです。

仕え合う神のしもべの交わりを買い戻す

上述のように、ここでイエスが来られた目的として語られているのは、権力構造に弱い人間の罪深さをあぶり出して、悔い改めを迫るためにご自分の命をかけるということですが、それは、そこにとどまるものではありません。さらに、そこから新しい展開、すなわち、仕え合う神のしもべの交わりが取り戻されることへと事は転じます。そのためにご自分の命を犠牲として払うのだ、とイエスは語ります。取り戻すために犠牲を払うこと、すなわち、贖いということです。「人の子も、仕えられるためではなく仕えるために、また多くの人のための贖いの代価として、自分のいのちを与えるために来たのです」(四五節)。

さて、高い地位を露骨に狙うヤコブとヨハネの画策に端を発する一連の騒動を受けて、イエスは弟子たちに「あなたがたの間で偉くなりたいと思う者は、皆に仕える者になりなさい。あなたがたの間で先頭に立ちたいと思う者は、皆のしもべになりなさい」(四三～四四節)と勧めます。すなわち、イエスに従い恵みの統治に生きるとは、権力構造へのこだわりではなく神の恵みの事実によって動かされることであり、それは、どんな立場・状況にあっても注がれる神の恵みを喜んで分かち合う交わりを形づくる、そのためにしもべとなって仕えていくことなのです。こういう歩みができずに、権力構造に巣くう罪深さにとらわれていた者たちを放置しないで、真逆の新たな歩みへと召し出してくださるとは、まさしく神の国の福音です。

したがって、これに続くイエスの言葉、「人の子も、仕えられるためではなく仕えるために、また多くの人のための贖いの代価として、自分のいのちを与えるために来たのです」(四五節)は、イエスを数ある謙遜の一例として語っているのでも、イエスの務めから派生する徳性の一つを示しているのでもありません。イエスもご自分の命を献げるほどに身を粉にする謙遜な方であるので、その姿を一つの良いモデルとして倣えと言っているのでもありません。そうではなくて、恵みに生きる新しい世界をイエスが切り拓いて人々を招き、招きに応えた人々が恵みを分かち合う交わりを形づくることに奉仕するようになる、そうした生き方に徹するしもべとなる、そこを目指して自分の命を献げると言っておられるのです。イエスが来た目的、自分の命をかけたわざの目的について語っておられるのです。

それが証拠に注目すべきは、まず、ここでイエスがご自分を指す主語として用いているのが「人の子」という呼び方であるということ。「わたし」とストレートに言ってくれると分かりやすい感じもしますが、イエスはしばしばご自分を指す呼び方として「人の子」という言葉を使います。そして、ご自分の受難について告知するときは必ず「人の子」で語ります(八・三一、九・三一、一〇・三三)。

ところが、この「人の子」という言い方、旧約聖書に出所があり、そこでは受難とは逆に思える栄光、勝利、支配のイメージを持っています。「見よ、人の子のような方が天の雲とともに来られた。その方は『年を経た方』のもとに進み、その前に導かれた。この方に、主権と栄誉と国が与えられ、諸民族、諸国民、諸言語の者たちはみな、この方に仕えることになった。その主権は永遠の主権で、過ぎ去ることがなく、その国は滅びることがない」（ダニエル七・一三～一四）。このように「人の子」とは、力ある神の支配を地上にて現出させて、永遠に至らせるメシアを指し示す呼び方です。イエスはこの呼び方を用いて、ご自身こそその方と主張しつつ、神の国の福音、すなわち、恵みの統治に生きることへの招きをなさいます。しかし、それは世間一般の権力構造における栄光、勝利、支配によってもたらされるのではなく、恵みの招きに徹して苦難をも甘んじて受けることでもたらされると語るのです。それにより、栄光、勝利、支配の概念についても、その一般的なイメージが覆されて、恵みを分かち合うのに命を献げて仕えていく姿を指し示すことになります。

それゆえ、「人の子も、仕えられるためではなく仕えるために」という言葉には、一般的な徳性としての謙遜をはるかに超える意味の深さがあると言わなければなりません。神から遣わされて、その御国を完成するメシアが命を献げて成し遂げるみわざ自体についての話をしているということなのです。

さらに、そこを裏打ちすべく、イエスは言葉を続けます。「多くの人のための贖いの代価として、自分のいのちを与えるために来たのです」（四五節）。「贖いの代価」とは、奪われてしまった大切なものを取り戻すために支払われる代金のこと。この場合、権力構造に潜む罪深さにとらわれてしまっていた私たちを解放するために、イエスがご自分の命を投げ出すことを意味します。人々を恵みに招いてやまないお方として、イエスはいかなる犠牲も惜しまない、そのためならばいかなる屈辱も、苦痛も、そして死さえも甘んじて引き受けると言っているのです。罪にとらわれて恵みの招きを拒む者たちの真っただ中にまで入っていき、拒否されて殺害されるリスクを承知で招き続ける結果としての十字架の死を見据えて、それを自ら引き受けてでも招くのだということです。また、恵みの招きに応えて歩み始めてもなお、罪深さを引きずって、恵みを分かち合う意味を見失いがちな弟子たちが結局ついて行けなくなっても、彼らを見捨てることなく、彼らの罪をも背負って黙々と受難の道を進み、十字架で命を捨てても恵みに招く姿勢を見せるのだということです。

　このイエスの姿は、人間の罪深さをあぶり出して悔い改めを迫るだけでなく、そこまでしても恵みの統治に生きてその幸いを分かち合う交わりに仕えるしもべとなる道を切り拓きます。なおも招かれている、命がけで招かれている、だから、悔い改めるならば招きにあずかって歩み始めることができるのだ、ということです。そのようにしてイエスは、恵みに生きて仕え合う交わりへと私たちを買い戻してくださる方なのです。そこまでの招きに誠意をもって応えたいものです。

57 恵みに目が開かれる

〈マルコ一〇・四六～五二〉

「さて、一行はエリコに着いた。そしてイエスが、弟子たちや多くの群衆と一緒にエリコを出て行かれると、ティマイの子のバルティマイという目の見えない物乞いが、道端に座っていた。彼は、ナザレのイエスがおられると聞いて、『ダビデの子のイエス様、私をあわれんでください』と叫び始めた。多くの人たちが彼を黙らせようとたしなめたが、『ダビデの子よ、私をあわれんでください』と、ますます叫んだ。イエスは立ち止まって、『あの人を呼んで来なさい』と言われた。そこで、彼らはその目の見えない人を呼んで、『心配しないでよい。さあ、立ちなさい。あなたを呼んでおられる』と言った。その人は上着を脱ぎ捨て、躍り上がってイエスのところに来た。イエスは彼に言われた。『わたしに何をしてほしいのですか。』するとその目の見えない人は言った。『先生、目が見えるようにしてください。』そこでイエスは言われた。『さあ、行きなさい。あなたの信仰があなたを救いました。』すると、すぐに彼は見えるようになり、道を進むイエスについて行った。」

今まで手がかりすら見いだせなかった数学の問題なのに突然に解くコツがひらめく、全く意味不明だった現代アートの良さに目覚める、食べず嫌いで通してきた食べ物が実は美味しかったと気がつくなど、知らなかった新しい世界が眼前に開ける経験を「目が開かれる経験」と言ったりします。もちろん、そうしたことは日常の中でいくらでもあることですが、それらによって私たちの存在の根底、魂の深みまでつくり変えられるなどということはありません。せいぜいプラスaで生活や経験が豊かになるという程度です。しかし、そうしたこととは全く比べものにならない次元で「目が開かれる経験」が与えられて、幸いな全く新しい世界が開かれる道があると聖書は約束します。恵み深い神に出会い、恵みに治められる人生を知ることで全く新しい幸いな世界が開かれるということです。それは、存在の根底・魂の深みからつくり変えられる経験となります。

ここに登場する人物、バルティマイもイエスによって神の恵みを知り、そうした目が開かれる経験をした人物です。彼の場合、見えなかった肉眼も癒やされたわけで、二重の意味で目が開かれたということになります。希望のない人生の中でイエスに出会い、癒やしのみわざによって神の恵みの力を知り、恵みに生きるように招くイエスについて行くようになるという出来事です。どんな中にも注がれる神の恵みに治められる幸いを知って、人生がつくり変えられたということです。

　さて、こうした出来事は、マルコの福音書の中でこれまでに何度も報告されているとおり、イエスが宣べ伝える神の国の福音の一環であり、神の恵みの支配が何であるかを証しする出来事です。「時が満ち、神の国が近づいた。悔い改めて福音を信じなさい」（一・一五）。神の恵みの事実に心を向け直し、そこに招く方・イエスに信頼して踏み出すとき、恵みの力がその人に臨んで、その人を縛ってきた悪の力からの解放が起こり（人格の深みから人間関係まで、身体の健康から社会システムまで）、恵みに治められて生きる、すなわち、注がれる恵みに感謝して、また、安心して、互いに分かち合って生きる者とされ、そこに平和が生まれるということです。イエスについて行くとは、幸いなことです。

　ところが、もう一方で、せっかくイエスについて行き始めたのに、そして、恵みの力をイエスの近くで見てきたはずなのに、実際のところ、その本当の意味まで分かっていない弟子たちの姿が描かれてきました（八・一七～一八、三一～三三、九・三三～三四、一〇・三五～四一）。すべて分かっていないなら、ついて来てはならないとか、ついて来ていることにならないとか、そういうことではありません。イエスは弟子たちの様子や内心を承知のうえで、ついて来るようにと最初から招いてくださった方です。そして、分かっていない姿が露わになったとき、忍耐をもって薫陶し、イエスについて行くことの意味を丁寧に解き明かしてくださいます。そして、最後には従いきれない弟子たちの罪深さも弱さもすべて背負って、命まで投げ出してくださいます（八・三一、九・三一、一〇・三二～三四）。

このイエスの姿に接して、弟子たちもイエスについて行くことの意味をしっかりと受けとめて歩むことができるようになるのです（八・三四〜三五）。いわば、ぼんやりとしか見えていなかったことがはっきりと見えるようになる、あらためて目が開かれるということです（八・二二〜二六）。バルティマイの目が開かれるという癒やしのみわざは、実は、このことをあらかじめ指し示す標識のような役割も果たす出来事です。

私たちも恵みの支配の訪れを見る目を開いていただいて、その幸いをハッキリと見て、イエスの招きに応える者たちとなりたく思います。それはどのようにして起きるのか、バルティマイの癒やしの出来事から見える事柄を学んでいきましょう。

憐れみへの渇きと素直な信頼

「そしてイエスが、弟子たちや多くの群衆と一緒にエリコを出て行かれると、ティマイの子のバルティマイという目の見えない物乞いが、道端に座っていた」（四六節）。この人の目がイエスとの出会いで癒やされて見えるようになるという出来事ですが、まず注目したいのは、この出来事のクライマックスです。「そこでイエスは言われた。『さあ、行きなさい。あなたの信仰があなたを救いました。』すると、すぐに彼は見えるようになり、道を進むイエスについて行った」（五二節）。

バルティマイの目はどのようにして癒やされたのかというと、イエスの言葉によれば、

「あなたの信仰があなたを救いました」ということです。けれども、このコメント、理屈からいえば、あれ？という感じです。救うのは（癒やすことも含めて）主なる神のみわざです。人間が自分の力で自分を救うなんてできない相談です。自分の力でどうにもならないので、救いが必要となるわけですから。また、自分の力で成果を挙げて救いが決まるみたいなことだと、恵みの世界ではなくなります。思うように癒やされないと、自分の信仰がダメだからと背負い込んだり、逆に、ちゃんと信じているのに何で？とイライラしたり、健全でない方向に傾いていくでしょう。しかし、イエスがここで述べているのは、そういうことではありません。救いがもたらされるのが神のみわざであるのは当然のこと（思うように癒やされない状況にも神の深いみこころ、その人だけが知る深い恵みがあるもの）、けれどもイエスがあえて「あなたの信仰があなたを救った」と述べるのは、恵みの神に信頼する姿勢を力強く後押しする意味があります。バルティマイよ、それでいいんだ、信仰を持つとはそういうことなんだ、と。彼に信仰とはどういうことかを掴ませようとした発言だと言えるでしょう。そして、その信仰に神の力が働いて、癒やしのみわざがなされたということです。

この展開、そして、この発言、どこかにありましたね。そう、長血を患っていた女性が背後からイエスの衣の房に触れて癒やされたという出来事です（五・二五～三四）。本質的には同じ出来事が起きています。イエスのみわざは本質的にはいつでもどこでも変わらないということです。すなわち、みわざを行うイエスの目的は、大衆を驚かせることではなく、みわざに触れる人々が神の恵みに信頼する信仰を確かにするに至ることだということです。信頼していけば大丈夫、いずれにしても神の最善がなされる、ということに、まさしく目が開かれるということです。そして、こうした信仰もまた、イエスの働きかけにより、その人の内から引き出されてくるものです。至れり尽くせりで、私たちに信仰を持たせてくださるということです。

それならば、この場面、イエスが引き出してくださる信仰、「あなたの信仰があなたを救った」と言われる信仰は、どの時点で現れてきているでしょうか。確かに、事の発端は、バルティマイが道端に座っているところをイエスが通りかかり、目の見えないバルティマイがイエス一行のお通りと聞いて、憐れみを求めて叫び始めるところからです（四七節）。すでに、イエスの働きはユダヤ全土に知れ渡っており、なので様々な癒やしのみわざも語り継がれていました。その中でも特に、目の見えないバルティマイの関心の的は、やはり目の見えない人々が癒やされたという出来事だったでしょう。ぜひとも、イエスに自分のところにも来てほしいという求めがあったはずです。

「イエスがおられると聞いて」叫び始めるという様子は、この方ならきっと何とかしてくださるという期待があったということです。その意味では、すでになされてきたイエスのみわざとその証しに触発されての期待ということですから、イエスのみわざによって信仰が引き出されてきている様子と見て取ることができるでしょう。主イエスがおられる、だから主イエスに憐れみを求める、という姿勢。これは、すでにキリスト者となって歩んでいる私たちにとって当然の信仰の姿です。また、教会に来始めて間もない方々にもお勧めします。主イエスがおられると聞いたなら、憐れみを求めて叫んでください。あなたの渇きを隠さないで、主イエスに求めてください。

しかしながら、事の発端としてはそういうことであるにしても、「あなたの信仰があなたを救った」という信仰の中心が姿を現すのは、もう少し後になります。「ダビデの子よ、私をあわれんでください」とイエスに向かって叫び始めたバルティマイでしたが、周囲の人々は黙らせようとします。けれども、彼は負けずに叫び続けます（四八節）。ここだけ切り取ると、何だか必死で叫べば聞いてもらえるみたいな話になり、表面上のアピール力で測られるという世界になります。ところが、憐れみを求める祈りとは、そういうことではありません。声の大きさや表現の巧みさ、繰り返しの回数などで格付けされるようなものではありません。心の内は外目ににじみ出てくるものではありますが、表面上のテクニックで信仰が判断されるわけではありません。それゆえ、繰り返しの叫びに「イエスは立ち止まって、『あの人を呼んで来なさい』と言われ、彼がイエスの前にやって来ますが、それで即、「あなたの信仰があなたを救った」ということにはならず、さらにもう一つ大切な問答をすることになるのです。

「イエスは彼に言われた。『わたしに何をしてほしいのですか』（五一節）。目の見えない人が憐れみを求めて叫んでいるわけですから、何をしてほしいのか尋ねなくたって分かりそうなもの。それをわざわざ尋ねるなんて、少々、意地悪のような印象を受けるでしょうか。あるいは、察しが悪いと思うでしょうか。しかし、イエスは意地が悪いわけでも察しが悪いわけでもなく、むしろ、彼の求めをよく理解したうえで、彼が自分の求めに関して明確な信頼を神の恵みに寄せていくことができるようにと取り計らってくださったということです。自分の言葉で語る、それを聞いてもらえる、信頼感の自覚が芽生える、そこが大事だということです。こうした交わりを抜きにして、オートマティックに願いがかなっても、信頼関係が育まれることはありません。この先、何を頼ってどう歩んだらよいのか分からないまま、取り残されることになります。それでは救いになりません。それゆえ、イエスは尋ねてくださるのです。「わたしに何をしてほしいのですか」と。聞いてもらえるって、嬉しくないでしょうか。

そこで、お尋ねします。「わたしに何をしてほしいのか」とイエスに尋ねられたら、あなたは何と答えますか。戸惑ってしまって、あるいは、遠慮してしまって、答えに困ってしまうでしょうか。この場合、バルティマイは率直に答えます。「先生、目が見えるようにしてください」(五一節)。サッと答えられたのは、常にそのことを願っていたからということもあるでしょう。星に願いをではないですが、一般的な話として、チャンス到来とあらば逃さない姿勢は、願いがかなう可能性を広げるでしょう。しかし、この出来事が示すのはそういうことではありません。バルティマイの率直さは、イエスが呼んでくださっていることを知るや、「上着を脱ぎ捨て、躍り上がってイエスのところに来た」（五〇節）という行動に現れています。人々を恵みに生きる力強さに招くイエスが自分をも呼んでいてくださる、その嬉しさから紡ぎ出される信頼の思い、それが素直にほとばしり出たのがバルティマイの言葉です。そこをイエスは汲み取ってくださったということなのです。「さあ、行きなさい。あなたの信仰があなたを救いました」（五二節）。

だれについて行くのか、何を信頼するのか、どう応答するのか、こうしたことがイエスの招きに対して素直に受けとめられて、表現されていくとき、招かれたとおりの恵みの支配に目が開かれるという出来事となるのです。イエスがもたらす神の憐れみへの求めと、招かれた恵みの支配に対する素直な信頼。これを表明したバルティマイに、結果、二重の意味で目が開かれる幸いが訪れます。「すると、すぐに彼は見えるようになり、道を進むイエスについて行った」（五二節）。「すぐに」とは、マルコお得意の表現。恵みの力強さが伝わってきます。肉眼も癒やされ、恵みを見る目も開かれて、この先、イエスについて行く、つまり、弟子として歩み始めたということです。

イエスが招く恵みの支配への素直な信頼を後押しして、イエスはバルティマイに「さあ、行きなさい」（五二節）と語り、この先もそうやって歩むように励ましを与えます。バルティマイは素直に恵みに信頼する幸いを知ったのです。私たちもそうでありたく思います。

十字架によって主イエスを知る

恵みの支配を見る目が開かれて、イエスに従う者となるということは、まずバルティマイのように神の憐れみを真剣に求め、恵みの招きに素直に信頼することで起きてくることです。しかし、それに貫かれて歩み続けるとなると、この最初の入り口の姿に徹することが求められます。イエスの招きに応えて歩み始めている弟子たちが直面している課題です。どうしても恵みに生きて分かち合う交わりに仕えるしもべになりきれない、あるいは、人々を恵みに招くゆえの苦難を通ることに躊躇するといった傾向に流されがちです。それゆえ、そこを超えていくには、イエスの道がどんな道であるのか、言葉以上に出来事として知らされる必要があります。それが、すでに告知されてきた受難、そして十字架の出来事なのです。

バルティマイの目が癒やされて、イエスに従うようになるという出来事は、弟子たちにとっていかなる意味を持っているのでしょうか。宣教活動の一場面で弟子集団の仲間が一人増えるということでしょうか。現場にいた弟子たちは、そういう認識で終わっていたかもしれません。しかし、イエスにとっては別の大切な意味を持たせようとしているようです。そして、マルコはそこを見逃すことなく福音書の記事として報告しています。

バルティマイが道端でイエスに憐れみを求めて叫んでいたとき、イエスはご自分でバルティマイのところに行くのではなく、呼んで来させています。「あの人を呼んで来なさい」と

（四九節）。だれに呼んで来させたのでしょうか。名前は記録されていませんが、弟子たちであることには間違いないでしょう。それは弟子たちの役目です。

では、イエスはどうして弟子たちに呼んで来させたのでしょうか。呼ばれているのはご自分です。ご自分で行ったほうが早い感じもします。でも、弟子たちに関わらせようとします。それは、この一件、この展開を弟子たちに見てほしい、記憶にとどめてほしいというお心からでしょう。もちろん、この出来事の中でイエスに用いられる喜びと経験を積むことも意図されていたことでしょう。確かに用いられています。「心配しないでよい。さあ、立ちなさい。あなたを呼んでおられる」（四九節）との言葉は、バルティマイを勇気づけています。そして、勇気づけられてイエスの前に行くバルティマイの姿を間近で見ることになります。

さらに、弟子たちはイエスがバルティマイに尋ねる質問も間近で聞いています。「わたしに何をしてほしいのですか」（五一節）。あれ？　どこかで聞いたような質問ですね。ゼベダイの子、ヤコブとヨハネが二人だけでイエスに願い事をしたとき、イエスが彼らに尋ねた質問と同じです（三六節）。あの時、彼らは剝き出しの欲望で高い地位をイエスにせがんだわけですが、イエスにたしなめられています。ここで同じ質問がバルティマイに投げかけられていますが、彼は目が開かれることを望んでいます。先に見たように、素直な信頼でもってイエスに願うわけです。そして、その信仰のとおりに目が開かれて、イエスについて行くようになるわけです。イエスはバルティマイのこの姿を弟子たちに見てほしかったのでしょう。

高い地位を欲しがるのではなく、素直に信頼して純粋に喜んでついて行く姿です。しかも、「道を進むイエスについて行った」ということです。それは、道を進むでしょう、道でないところを通ってはいけません、などというのは屁理屈です。マルコの福音書が「道」と言うとき、そこには特殊な意味があります。「主の道を用意せよ」との預言者の言葉で始まる福音書です（一・三）。そして、その主の道とはエルサレムに向かう道、受難の道、十字架の道だと告げられています（一〇・三二〜三四）。この道を進むイエスに信頼してついて行く姿です。イエスは弟子たちにバルティマイの姿を見せて、これぞ弟子たる者の姿と訓育しようとしたのではないでしょうか。まさしく、「後にいる多くの者が先になります」（三一節）ということです。

しかも、イエスが歩む十字架の道は、弟子たちが恐れて避けたがるような敗北の道ではありません。神の国・恵みの支配というように、王として恵みで統べ治める方の道です。そのことは、バルティマイの癒やしの出来事の周辺を観察すると見えてきます。この出来事の書き出しからしてそうなのですが、読めば読むほど笑えてきます。

「さて、一行はエリコに着いた。そしてイエスが、弟子たちや多くの群衆と一緒にエリコを出て行かれると」（四六節）と記されています。エリコの街に着いたのはいいのですが、いきなりエリコを出て行くという話。じゃあエリコはいったい何なんだよとツッコミを入れたくなります。エルサレムに近づいたという地理的な表示ということでしょうか。あるいは、誤ったメシア待望のフィーバーを避けるために街の雑踏から外に出るということでしょうか。

しかし、その割には群衆がついて来ているので、その効果を期待してということでもなさそうです。群衆がついて来ているので、きっとエリコの街中でも何か出来事があったはずですが、そこはスルーしてエリコの外にいきなり移動する描き方は、エリコの街が一般的に意味することに対する批判が込められているということでしょう。すなわち、エリコの街はヘロデ大王（ガリラヤ領主、ヘロデ・アンティパスの父）のリゾート地で、民衆への重税を資金に建設された街です。「偉い人たちは人々の上に権力をふるっています」（一〇・四二）との指摘そのものを象徴する街です。マルコの福音書は、そこをスルーする描き方で、そのように権力を振るうのは真の王の姿ではない、むしろ、街の外で道端に座る目の見えないバルティマイの叫びを聞いて癒やされるイエスこそ真の王、恵みで治める神の国の王だと示すのです。

それゆえ、バルティマイがイエスに叫ぶとき、「ダビデの子よ」と連呼していたのだと記録します（一〇・四七～四八）。まさか、バルティマイがイエスの系図を調べたうえで「ダビデの子よ」と叫んだとは考えにくいのですが、伝え聞いたイエスの働きと使信から、統治するならこの方という強い思いに至ったということでしょう。いずれにしても、この方こそ真の王というメッセージがここにあるのです。

権力を象徴する街の外に出て行き、弱く貧しい人々に目を向けて、へりくだって恵みを分かち合うイエスの姿、そのご自分に従って来るように招くイエスの姿、さらに、その招きを拒む人々をも忍耐のうちに招き続けて、命をかけるイエスの姿。バルティマイの癒やしとイエスの十字架予告が同一線上に重なり合います。これが恵みで治める神の国の王の姿です。恵みが見える目が開かれたなら、バルティマイさながら、十字架への道を歩むイエスについて行く弟子の道を歩むことになるのです。

これまで弟子たちも、再三にわたり、イエスの道は十字架の道と教えられながらも、そこを受けとめきれない姿を露呈し、完全には目が開かれていない様子でしたが、ここに来て本当に目が開かれるための決定的な出来事が起きると、バルティマイの出来事は物語ります。

大変に興味深いことですが、マルコの福音書の構成からすると、イエスの十字架予告が言葉としては三回記録され、その後に受けとめきれない弟子たちの勘違いの姿が描かれて、そのたびごとにイエスが彼らを正していかれる様子が記されます（八・三一～三八、九・三〇～三七、一〇・三二～四五）。そして、この三回あるパターンを挟むようにして、目の見えない人の目が開かれる出来事が二件報告されます。

一つは、二段階で目が癒やされるという出来事（八・二二～二六）、そして、今回のバルティマイの癒やしです（一〇・四六～五二）。ここまでの弟子たちの姿は、二段階で目が開かれる癒やしの一段階目のように、イエスについて行きながらも、まだ恵みを見る目がボーッと霞んでおり、やたらと勘違いをやらかしますが、この後、その弟子たちの目もバルティマイのごとく恵みにハッキリと目が開かれる出来事が起きるということです。そして、それこそがイエスご自身の告知してきた十字架の出来事なのです。

この先、マルコの福音書は受難週の出来事へと入っていきます。そして、イエスの十字架の正面に立った人物がイエスを「本当に神の子であった」（一五・三九）と告白するクライマックスへと筆を進めていきます。それは、まさしく十字架で目が開かれて、イエスが真の王なのだと悟ることができるということを物語るのです。

あなたは神の恵みの支配に目が開かれているでしょうか。主イエスが招く恵みの道に歩んでいるでしょうか。恵みで治める主イエスを人生の王としてお迎えしているでしょうか。その本当の意味は、人目につく力あるわざや聞こえの良い言葉によって知れるものではありません。ほかでもない、主イエスの十字架によって知らされるものです。それでこそ、恵みの支配の本当の力が分かるようになるのです。

おわりに

拙著『イエス・キリストの福音のはじめ』（マルコの福音書に聴くⅠ）を上梓したのは、二〇二〇年九月でした。あれから早くも約三年の月日が流れてしまいました。せっかく第一巻を出したのに、さっさと後続を出すことができず、途中で頓挫したのかと思われていたかもしれません。今となっては何を述べても安っぽい言い訳にしか聞こえないかもしれませんが、この三年間、通常の伝道牧会と神学校の授業に加え、教会の新型コロナ対応、自分自身の手術、福音主義神学会での発表などが立て込んで思うように筆が進まず、今ようやく第二巻の出版にこぎつけた次第です。

その間、拙著を忘れることなく、続編を期待してくださる声を直接・間接に届けてくださった方々に心から感謝申し上げます。そうした応援は大きな力になります。みことばが届けられるために、互いに応援することがいかに大切かということをあらためて認識いたしました。

本巻に収録されている講解説教は、二〇一一年二月から八月にかけて基督兄弟団一宮教会において礼拝説教として語られたものを基調に、読み物の原稿として加筆・修正を施したものです。かつて語った説教を読み物の原稿に起こす作業は、教会でみことばを分かち合った恵みを再度味わう楽しい時間であり、同時にまた、自分自身の課題と向き合う意味では反省の時間でもありますが、特に今回、前巻から本巻への執筆作業を振り返りつつ、あらためて福音書から講解説教をする醍醐味と難しさを自覚させられているところです。

福音書は、主イエスの活動の意味について伝記的なスタイルで出来事を報告する形態の文書です。しかし、それは単純に伝記ということではなく、執筆当時の状況を念頭に「イエスが主」と告白して生きる意味について明らかにし、この告白に生きる人々を養い、また、その輪が広がることを目的とする文書です。その意味で、まず福音書そのものが説教であると認識されなければなりません。

マルコの福音書執筆当時の状況の具体的な事柄については、次巻に詳述することがふさわしいと考えますので、そちらに譲るとしても、概要としては本巻において繰り返し述べられるとおり、「イエスが主」と告白する恵みの道が受難の中を通ることにもなるという現実に相当シビアに直面する原始教会の一コマと考えていただければよいでしょう。そういう中でも苦難を耐え忍びつつ、なおも「イエスが主」との告白に立ち続けて、イエスに従う恵みの道を幸いな道として歩み続けるには、やはりそれだけパワフルな神の言葉の語り、すなわち、みことばの説教が必要とされます。その要請に応えて記されたのがマルコの福音書です。ゆえに、それは歴史の記録としてイエスの具体像を提示するものではありますが、そこで提示されるイエスの具体像は、自ら十字架の道を進みつつ、弟子たちには従って来るようにと薫陶する姿です。その姿がまさしく執筆当時の宣教現場に、さらに歴史を貫く教会の宣教現場に、神の言葉の説教として届けられることになるわけです。

福音書に限らず、新約正典全二十七巻は「イエスが主」と告白する教会の宣教において生み出されたもので、宣教の各現場の諸課題に対応しつつ信仰告白の意義を書き綴った説教と言うべきものです。すなわち、諸課題への対応という意味でユニークな内容を各々に含みつつ、共有する信仰告白の説得的伝達という意味では一貫しており、その意味でまさしく説教です。もちろん、そこには教会の正典を形成すべく背後において働く聖霊の教導がありますから、同じ説教といえども、現代の私たちが取り次ぐものとは全く次元が違います。けれども、説教という性質を持っていることに変わりはありません。そうすると、新約正典から説教する場合、説教をテクストにして説教するということになり、そこでは二番出汁で料理を作るような楽しさと難しさを味わうことになります。その楽しさとは、言うまでもなく、一番出汁が何よりも信頼できる旨味を持っているからこその楽しさで、そこで味わった神の言葉の恩寵を今度は語る者として自分がいかに表現するかに取り組むとき、味見のようにして何度も美味しい思いができるということです。ところが、実際に聖書のテクストからその内容を自らの説教に落とし込むとき、自分の取った二番出汁がどこまでオリジナルの旨味を抽出できているかと問われると、甚だ心もとない気持ちに直面することになり、そこに難しさを覚えるということです（ウム、説教道は奥が深い）。

その中でも特に福音書は、説教とはいえ文書の形態は伝記スタイルの歴史叙述ですから、その一番出汁も複合的な味わいとなります。イエスの出来事の現場における意味合い、福音書が叙述された現場における意味合い、旧約聖書の証言との連なりにおける意味合い、他の福音書との関係における意味合い、そして、原始教会の宣教全般の中での意味合いなどを念頭に置かなければなりません。意味の重なり具合を読み取るのは、自分一人で思い巡らす分には楽しいのですが、会衆に語る説教として原稿にまとめようとすると途端に難しさを覚えるものになります。しかも、福音書の場合、出来事の描写と登場人物の会話からそれらを読み取るわけですから、その楽しさと難しさは大変なものです。同じ場面でも、視点を登場人物の誰に置くかで、あぶり出されるメッセージが様々にあることが分かります。物語という形式で福音が語られることにより、同じ福音でも多重に響き合う要素から豊かにメッセージが織りなされていることに気づくわけです。そうした福音書の中でも、とりわけマルコの福音書には、上述のとおり、差し迫った状況の中で激しく魂に迫る神の招きと、招きに応答させる神の豊かな慰めとが、圧倒的な形で記されています。そのため、旨味の味見は大きな楽しみとなりますが、それを抽出して自らの説教を構成するとなると、その労苦は尽きるものではありません（「自分の十字架を負って、わたしに従って来なさい」と言われるとおり）。それゆえに、拙著においても、マルコの福音書自体の説教としての主張と味わいにどこまで肉薄できているかということになると、書ききれていない事柄が間違いなく多々あることを思い、何とも恥じ入る次第です。

たとえば、前巻では、イエスの荒野での試みについて述べる際、「イエスは野の獣とともにおられ」（一・一三）というフレーズに注目してイザヤ書の預言に言及すべきだったなどと、出版後に考えた次第でした。確かに、「野の獣、ジャッカルや、だちょうも、わたしをあがめる。わたしが荒野に水を、荒れ地に川を流れさせ、わたしの民、わたしの選んだ者に飲ませるからだ」（イザヤ四三・二〇）との預言は、神の民を回復させて再出発させる恩寵が被造世界全般に畏敬をもって受けとめられることを示します。それがイエスの語る神の国の福音に連なるということですから、神の国・恵みの支配とは人間社会を超えて自然・宇宙への広がりを持つという視点をそこから読み取ることができるわけです。

また、「明かりと升のたとえ」（四・二一〜二三）の部分では、古代の人々にとって明かりの意味するところをもう少し活き活きと表現すべきであったかと考えたりしています。夜でも煌々と街灯が輝く現代の街々の感覚からすると、明かり一つが貴重でありがたいという事実を忘れてしまいがちですが、古代の人々は明かりのありがたみが身に沁みているはずで、恵みの支配の訪れを明かりにたとえて表現したイエスの意図はそこにヒットしたのだと考えられます。

さらに、弟子たちを二人一組で派遣する場面で、イエスは「杖一本のほか何も持たないように」（六・八）と語り、また、「履き物ははくように」（同九節）とも語り、杖と履き物を持参することを示唆していますが、マタイの福音書の並行箇所では「履き物も杖も持たずに」（一〇・一〇）とあり、この点についても言及すべきであったかなどとも考えています。おそらく、天来の権威で悪の力を駆逐する恵みの支配の力を描くのに、神の権威でエジプトに立ち向かったモーセのイメージからマルコは杖と履き物について語っているのでしょうが、マタイは同じモーセでも神の戒めを語る姿に注目しているので、神の言葉以外には何も必要ないということを強調しようとしたのでしょう。

そして、こうした違いは、両者が執筆された現場の課題と関連していると言えるでしょう。マルコの現場では、苦難の中でも屈しない信仰が要請されており、マタイの現場では、教会の歴史的出所と旧約聖書のつながりを明確にするという課題と向き合っていたということで、そこが記述に反映されたということになるでしょう。

だとしても、実際はどちらなのか、杖と履き物を持って行ったのか、持って行かなかったのかという疑問が残ります。その点については、おそらく、主動詞がマルコでは「アイロー」（持って行く）に対してマタイでは「クタオマイ」（調達する）となっているところに鍵がありそうです。杖と履き物について用意周到にあらためて新調することなく、というあたりが本当のところでしょう。

このように、掘り返すと書ききれなかったことが様々にあり、勝手に改訂版を出したい気持ちにもなりますが、すでに出版されたものについては取り返しがつきません。紙数制限や時間制限さえなければ、などと恨み言を言っても始まりません。煮え切らない思いを抱えながらも、あとは主にお委ねするのみです。一度語ったこと、また、記して発表したことについては、本人の手を離れていくのだと何だかしみじみと感じています。これまた、説教道の厳しさでしょう。

しかしながら筆者は、このように説教道の厳しさを覚えながらも、説教者として働かせていただけるということの代えがたい喜びとやりがいを感じさせられています。自分のような者が聖書から神の言葉を取り次ぎ、神の言葉の力によって人々が養われ、励まされ、変えられていく、そんな現場に立たせていただけるという、言葉に尽くせない圧倒的な恩寵の前に心ひれ伏す思いです。用いていただけるかぎり、筆者自身、この働きに立たせていただきたく願っていますし、なおも多くの方々が説教者を志してくださることを祈念してやみません。説教者不足という日本の諸教会の現状が打ち破られますように。

最後になりましたが、説教者となるべく筆者に教育と訓練を施してくださった諸先生方に、この場を借りて感謝を表したく思います。説教と説教者ということについて、神学のみならず、その姿で範を見せてくださった小林和夫先生、説教演習においてシャープな論展開と細やかな配慮の必要性を説いてくださった松木祐三先生、説教に至る聖書解釈のプロセスをダイナミックに教えてくださった齋藤孝志先生、説教を文章化する面白さとコツを教えてくださった千代崎秀雄先生、まだ訓練中の身だったのに、夕礼拝にて講解説教の機会をくださった金本悟先生。初等神学教育の大切な時期を諸先生方の薫陶の中で過ごすことができたことのゆえに、現在の自分があることを痛切に覚えます。

さらにもう一つ、説教者としての自分を振り返ったときに、付け加えなければならないことがあります。すなわち、説教者として筆者は確かに上述の諸先生方からの教育と訓練によって形づくられてきたわけですが、それとは別次元で説教者ということについて筆者に基礎を授けてくれた亡父・中島一碩牧師のことです。

筆者は大学卒業まで母教会で教会生活をしていたので、二十二歳まで中島一碩牧師の説教を聴き続け、また、留学を終えて帰国して二年間は共に牧会の任に当たったので、人生でだれの説教を一番多く聴いたかと言えば、中島一碩牧師の説教ということになります。ただでさえ親であるので、声質から話し方まで、好むと好まざるとにかかわらず似てくるものでしょうが、これだけ説教を聴いていれば、そうしたレベルを超えて、知らない間に説教ということについて様々に吸収した事柄があるように思います。

その中でも、筆者の自覚の中で大きな事柄として述べることができるのは、聖書のみことばに対する確かな信頼ということです。筆者の知るかぎり、中島一碩牧師は説教において克明な原稿を準備する人ではなく、説教のアウトラインを記したメモを手に講壇で語る人でした。これを説教学的にどう評価するかには様々な観点があるでしょうが、そのようにして語られた説教で回心する人々が起こされ、会衆が養われ、教会がヴィジョンに向けて進む姿を筆者は見てきました。人の論理を超える生ける神の力が聖書のみことばを通して働くことを地で行くような説教だったと言えばよいでしょうか。原稿に縛られない自由さの中にも、聖書のみことばに密着するなかで筋道が通り、そこに神の力が働いて教会の働きが進むという説教で、その背後にあったのは聖書のみことばに対する確かな信頼であったと思わされるのです。

昨今の説教学の一つの傾向として、原稿の完成度には注目するけれども、ライブな語りかけや牧会全般との総合という要素には目を向けないという流れがあります（実際、こうした要素を人間的であるとして神の言葉の語りから捨象しようという考えすらあるようですが、それで書簡や福音書などにおける言語行為を体感することができるのでしょうか。そんなことでは、早晩、説教者がチャットGPTにその座を奪われることになるのではないでしょうか）。そのような中で、自由なみことばの力への確かな信頼は、精密さを期した説教原稿からも欠落してはならない、説教の本質を指し示す姿勢であるように思います。その点については、筆者は身近に良いモデルを得ていたのだと、今さらながら思わされるのです。

その意味で、遅まきながら、本巻を亡父・中島一碩牧師に献呈いたします。前巻が出版されて一月《ひとつき》後に、父は八十一年の地上の生涯を終えて天に召されました。生涯を閉じる寸前でしたが、前巻の出版を知り、ことのほか喜んでくれたことを思い起こします。もはや献呈の辞も地上にて読んでもらうわけにはいきませんが、中島一碩牧師を知る方々とともに追憶、記念する意味を込めさせていただきたく思います。

二〇二三年　夏

基督兄弟団一宮教会牧師室にて

中島真実

＊聖書 新改訳 2017© 2017 新日本聖書刊行会
許諾番号 4-1-899 号

自分の十字架を負って

2023年11月15日 発行

著　者　中島 真実

印刷製本　日本ハイコム株式会社

発　行　いのちのことば社

〒164-0001 東京都中野区中野2-1-5
電話 03-5341-6922（編集）
03-5341-6920（営業）
FAX03-5341-6921
e-mail:support@wlpm.or.jp
http://www.wlpm.or.jp/

ISBN 978-4-264-04467-3

◆シリーズ 旧約聖書に聴く◆

ヨシュア記に聴く

主の約束を信じ、主に従う

柴田敏彦著　定価 2,200 円（税込）

＊重刷の際に、価格をあらためることがあります。